배를 돌려라

대한민국 대전환

배를 돌려라

대한민국 대전환

공생·공유·공정 사회를 위한 밑그림

하승수 지음

한티재

우리는, 끊임없이 부를 축적해가는 부유한 소수의 의견에 반응하는 정부냐, 아니면 상대적으로 더욱 빈곤해지고 경제적으로 더욱 불안정해지는 다수의 필요에 반응하는 정부냐를 선택해야 한다.

로버트 라이시

나는 정직한 비관주의자다. 현실이 나쁘고 미래가 어두운데, "다 잘될 거야"라고 말하는 것은 무책임한 일이기 때문이다.

지금 대한민국에서 살아가는 많은 사람들의 삶이 힘들고 팍팍하다는 것은 굳이 길게 얘기하지 않아도 될 것이다. 그리고 미래도 밝지 않다. 이 점은 시민들도 알고 있다.

정부는 '한국인의 의식·가치관 조사'를 1996년부터 해왔다. 특징적인 것은 "10년 후 자신의 삶이 지금보다 나아질 것인가"라는 질문에 대해 1996년에는 86.9%가 '나아질 것'이라고 답했는데, 2016년에는 그 비율이 53.6%로 떨어졌다는 것이다. 미래에 대한 기대가 낮아지고 있는 것이다.

청년들을 대상으로 한 조사 결과는 더 어둡다. 2019년 8월 30일에서 9월 5일까지 『이데일리』가 만 25~34세 청년들을 대상으로 조사한 결과가 그렇다. "20년 후 현재의 부모세대의 삶과 비교해 얼마나 더 행복할 것으로 생각하냐"는 질문에 '행복할 것'이란 응답은 21.0%에 그쳤다. 반면 '불행할 것'이라고 전망한 청년은 54.1%로 나타났다. 이렇게 시민들은 이미 알고 있다. 낙관의 근거가 희박하다는 것을 말이다. 현실이 그렇다면, 그것을 인정해야 길이 보인다.

나는 비관의 터널을 지나서 희망을 만들 방법을 찾아왔다. 정직한 비관이 반드시 포기로 이어지는 것은 아니다. 오히려 정직한 비관을 해보지 않은 사람이 시련이 닥칠 때 포기한다.

나는 현실주의자이고 실질주의자이다. 말만 그럴듯한 것을 싫어한다는 것이다. 실제로 문제를 해결할 수 있어야 대안이다. 그래서 나는 지금 '대전환'이 필요하다고 생각한다. 작은 변화나 아이디어의 나열로는 문제를 해결할 수 없다.

대전환이 필요한 이유는 지금이 위기의 시대이고 격변을 앞두고 있는 시대이기 때문이다. 지금까지 살아온 것처럼 미래에는 살 수 없는 상황이다. 날로 심각해지는 기후위기만 보더라도 그렇다. "있을지 없을지 모르는 미래를 위해 공부하는 것이 무슨 의미가 있는가"라는 스웨덴 청소년 그레타 툰베리의 말이 옳다. 지금과 같은 사회, 지금과 같은 삶의 방식이 그대로 유지

될 수 있다고 생각하는 것은 환상이다.

그래서 큰 변화가 필요하다. 지구도 그렇고, 대한민국도 그렇다. 그런데 대한민국이라는 배는 지금 잘못된 방향으로 가고 있다. 불평등은 날로 심해지고, 불안은 커지고, 미래가 보이지 않는다.

배가 잘못된 방향으로 가고 있을 때 해야 할 일은 배의 방향을 돌리는 것이다. 배의 속도를 늦추는 것은 해법이 될 수 없다. 이 책은 대한민국이라는 배의 방향을 돌릴 방법을 시민들에게 제안하기 위해 쓴 것이다.

위기의 시대에 경계해야 할 것은 가짜 해법이다. 잘못된 해법은 암초를 향해 가고 있는 배의 속도를 빠르게 할 뿐이다.

날로 심각해지는 불평등 문제만 생각해도 그렇다. '계층상승의 사다리'를 복원하겠다거나 일자리를 만들겠다는 것은 진정한 해법이 될 수 없다. '계층상승의 사다리'는 이미 끊어질 대로 끊어진 상황이다. 일자리는 정부가 '일자리 창출'을 목표로 한다고 만들어지는 것이 아니다.

우리에게 필요한 것은 다 끊어진 '계층상승의 사다리'가 아니라 '든든한 마룻바닥'이다. 지금 불평등을 완화하는 방법은 이것이다. 마룻바닥이라고 표현하는 이유는 실패한 사람도 나락으로 떨어지지 않도록, 힘들어하는 사람도 절망으로 떨어지지 않도록 받쳐준다는 의미이다.

지금 필요한 '마룻바닥'은 기본소득, 기본주거 같은 것이다. 소득이 필요한 사람에게는 소득을, 집이 필요한 사람에게는 집을 제공하는 것이 지금 시대에 맞는 해법이다. 그래야 불평등도 완화되고 불안도 줄어든다. 안심한 시민들이 가진 활력으로 새로운 '일'을 만들 수 있다. 이런 식으로 발상을 바꿔야 진정한 해법이 보인다. 지금 진행되고 있는 미국 민주당 대선후보 경선에서도 "18세 이상 모든 시민에게 월 1,000달러 기본소득을 지급하겠다"는 공약을 내건 앤드류 양이 화제를 모으고 있다. 일자리가 줄어드는 것이 자동화, 정보화, 기술발전 때문이라면, 해법도 그에 맞는 것이 되어야 한다.

기후위기 같은 문제를 극복하려면, 국가의 모든 가용자원을 '전환'에 투입해야 한다. 경제성장률에 대한 집착 따위는 버려야 한다. 위기의 시대에는 위기를 해결하는 것에 집중해야 한다. 경제성장률에 대한 집착은 행복도 보장하지 못하고 시민들의 생명과 안전을 위협할 뿐이다.

나는 이 책에서 이런 변화를 만들기 위해 실제로 필요한 수단들을 제시했다. 대전환을 해야 하는 이유만이 아니라 실제로 대전환을 할 수 있는 방법까지 제안한 것이다. 또한 상당히 급진적으로 보이는 주장들도 했다. 그러나 모든 대안은 처음 제안될 때에 급진적으로 보이기 마련이다. 급진적이냐 아니냐가 중요한 것이 아니라, 실제로 문제를 해결할 수 있느냐 없느냐가 중요한 것이다.

이런 대전환을 통해 이루려고 하는 사회의 모습은 상식적인 것이다. 모두가 함께 살고(공생), 공동의 것은 공동의 것으로 하며(공유), 남의 것을 빼앗거나 공동의 것을 독식하지 않는(공정) 사회를 만들자는 것이다.

내가 이런 생각을 하게 된 것은 『녹색평론』 발행인인 김종철 선생으로부터 많은 것을 배웠기 때문이다. 김종철 선생이 주장해온 문명전환의 핵심은 최근에 나온 『근대문명에서 생태문명으로』(녹색평론사, 2019)에 잘 정리되어 있다. 어떻게 보면, 이 책은 그런 문명전환을 대한민국이 처한 구체적인 상황에서 어떻게 시작할 것인지에 관한 것이기도 하다.

물론 내 생각이 절대적으로 옳은 것은 아니다. 토론을 통해서 대한민국이라는 배의 항로를 찾아야, 잘못된 길로 들어설 가능성을 줄일 수 있다. 지금 문제는 대한민국이 가야 할 방향에 대한 토론이 실종된 상황이라는 데 있다. 더 늦지 않게 대한민국이라는 배의 방향을 돌리기 위한 활발한 토론이 일어나길 간절하게 기원하는 마음으로 이 책을 세상에 내놓는다.

2019년 10월

하승수

차례

제1장
지대추구사회에서 벗어나자
****

제2장

방향전환의 큰 그림 _ 공생·공유·공정
****

제3장

세 가지 기본을 보장하자 _ 3기

****

제4장

일곱 가지 잘못된 흐름에서 벗어나자_7탈

****

제5장
예산과 정부조직을 바꾸자
****

제6장

전환의 출발점 _ 선거개혁, 헌법개정, 평화정착
****

대한민국의 항로를 돌리자!

이 책을 쓰게 된 이유는 절박함 때문이다. 지금 우리는 대한민국이라는 배의 방향을 바꿀 수 있느냐 없느냐의 기로에 서 있다. 그것에 관해 동료 시민들에게 정보를 전달하고 고민을 나누고자 하는 것이 이 책을 쓰는 이유이다.

이 책에서 전하고자 하는 메시지는 간단하다. 소수가 불로소득을 누리는 공멸의 사회가 아닌 공생사회(함께 사는 사회)로 대한민국이라는 정치공동체의 방향을 바꾸자는 것이다. 지금 상태로는 살 수가 없으니, 근본적으로 경제·사회·정치시스템을 바꿔보자는 것이다. 소수에게 집중된 부와 권력을 재분배하자는 것이다. 민주적이고 평화적인 방법으로 말이다.

이를 위해서는 다소 생소하고 급진적으로 보이는 해법이 필요하다. 예를 들어, 지금 당장 기본소득을 실시하는 것이 필요하다. 방법은 충분히 있다. 이 책에서는 각자 받을 기본소득의 총량을 정하고, 받는 방식을 자유롭게 선택할 수 있는 '자율선택 기본소득'을 제안한다. '월 150만 원씩 3년', '월 50만 원씩 9년', '월 10만 원씩 45년'과 같은 선택지를 놓고 각자가 고를 수 있게 하자는 것이다.

모두에게 이런 선택지가 보장된다면 각자의 인생 계획에 따라서 이 돈을 요긴하게 쓸 수 있다. 돈이 없는 청년들은 이 돈으로 하고 싶은 공부를 할 수도 있다. 새로운 일을 해보려고 하는 사람은 불안하지 않게 새로운 일을 준비할 수 있다. 이혼을 하고 싶지만 경제력이 없어서 고민하는 여성은 이혼할 권리를 보장받을 수 있다. 일을 하다가 건강이 나빠진 사람은 휴식을 취할 수 있다. 귀농·귀촌을 꿈꾸는 사람들은 귀농·귀촌 초기의 어려움을 이 돈으로 해결할 수도 있다. 구체적인 재원 마련 방안 등은 뒤에서 설명하겠다.

기본주거도 필요하다. 3주택 이상 소유를 금지시키고 부동산보유세를 강화하면 주택들이 매물로 나오게 된다. 그렇게 나오는 매물을 정부가 대량으로 매입하여 공공임대주택을 공급하면 주거비 부담을 획기적으로 낮출 수 있다. 신혼 부부에게 주택을 공급하는 것이 아니라, 다양한 형태의 가족 구성을 인정하는 방식으로 주택을 공급하면 많은 사람들에게 인간적인 주거를 보장할 수 있다. 지금은 이 정도의 해법이 아니면 변화를 만들 수 없다.

우리 사회는 새로운 생각에 대해 '좌파', '빨갱이', '사회주의자' 같은 이념딱지를 붙이거나 잘 살펴보지도 않고 비난하는 데 익숙하다. 이런 반응이 나오는 것은 닥쳐올 변화가 두렵기 때문일 것이다. 특히 이 사회에서 기득권을 가진 사람들은 변화를 원하지 않는다.

그러나 기득권자들도 생각을 고쳐먹어야 할 때가 왔다. 공생사회로의 전환은 이 사회의 기득권자들을 위해서도 필요하다. 변화가 없으면 모두의 생존이 어려운 상황이 되었기 때문이다. 명백한 것은 지금의 시스템은 더 이상 지속가능하지 않다는 것이다.

모든 사람들이 나눠야 할 사회의 공동자산(공유재, 공유자원)을 소수가 독점하면서 승자독식의 사회를 만들어온 것은 불평등만 심화시킨 것이 아니다. 인간을 포함해서 지구에서 살아가는 모든 생명들을 위협하고 있다. 바로 기후변화, 아니 기후위기 이야기이다.

2019년 여름, 유럽은 40도가 넘는 폭염을 겪었고, 시베리아에서 일어난 산불은 벨기에보다 넓은 면적의 산림을 불태웠다. 그러나 이것은 시작에 불과하다. 기후위기는 모든 인류의 생존과 안전을 위협하게 될 것이다. 상대적으로 부유한 나라에서 살거나, 개인적으로 부유한 사람들은 초기에는 피해갈 수 있을지 모른다. 그러나 결국에는 기후위기로 인한 영향에서 벗어날 방법이 없다. 아무리 부자라고 해도 우주로 탈출할 방법은 없다. 설사 우주로 탈출한다고 한들, 거기에서 몇 년이나 생존할 수 있겠는가? 지하에 시설을 만들어서 숨는다고 해서 언제까지 안전할까?

그런데도 대한민국에서는 기후위기에 대한 경각심이 아직 부족하다. 특히 대한민국의 정치는 기후위기에 관심이 없다. 정치만 관심이 없는 것이 아니라 언론도 관심이 없다. 그저 당장 눈앞에 보이는 것에만 매달릴 뿐이다.

기후위기야말로 인류 최대의 위기이다. 기후위기를 해결하는 것은 모두의 숙제이다. 그리고 위기의 해결을 위해서는 경제·사회·정치시스템을 근본적으로 바꿔야 한다. 사회의 공동자산에서 나오는 수익은 고르게 나눠야 한다. 현대 국가에서 가장 중요한 공동자산 중 하나인 세금은 소수의 기득권세력을 위해서가 아니라 모두를 위해서 사용되어야 한다. 지금 사용할 수 있는 모든 돈과 자원은 최우선적으로 기후위기에 대응하기 위한 곳에 써야 한다. 그래야 미래가 있고 희망이 있다.

이런 전환은 전지구적으로도 필요하지만, 특히 대한민국에 필요하다. 대한민국이야말로 모든 모순이 집중되어 있는 사회이기 때문이다. 대한민국은 1997년 IMF 경제위기 이후에 20년 이상의 시간 동안 부채에 의존하는 경제구조가 만들어졌다. 특히 문제가 되는 것은 1,600조 원이 넘는 과도한 가계부채이다. 국제금융협회IIF가 2019년 4월 발표한 '글로벌 부채 모니터' 보고서를 살펴보면 대한민국 가계부채의 국내총생산GDP 대비 비율은 97.9%에 달했다. 글로벌 가계부채의 GDP 대비 비율이 59.6%이고 주요 선진국 평균이 72.7%라는 점을 고려하면 한국의 가계부채 비율은 평균을 훨씬 뛰어넘는 것이다.

한국은 가계부채의 상승 속도도 가장 빨랐다. 그리고 멈추지 않는다. 한국은 2009년 세계경제위기 이후에도 가계부채가 가파른 상승 추세를 보여왔다. 이렇게 증가한 가계대출은 부동산으로 흘러들어갔다. 은행권만 보면, 2019년 7월 말 기준 가계대출 잔액 854조 7,000억 원 중에 주택담보대출 잔액이 630조 1,000억 원에 달한다. 돈을 빌려 부동산을 사고, 그렇게 오른 부동산 가격이 불평등을 심화시키는 악순환이 계속되어온 것이다. 부채경제와 지대추구경제가 결합한 것이다. 이런 사회에 미래가 없다는 것은 길게 말할 필요도 없다.

그나마 대한민국의 국가채무 규모는 외국에 비해 낮은 편이다. 물론 국가채무 규모 자체에 대해서는 논란이 있다. 그러나 공기업 채무를 제외한 정부 채무만 보면, 국내총생산 대비 국가채무 규모는 2018년 기준으로 39.5%이다. 일본 222.4%, 프랑스 123.5%, 영국 121.1%, 미국 107.0%, 독일 76.5% 등과 비교하면 낮은 수준이다(2016년 기준). 그나마 다행이다.

그러나 1997년 외환위기 이후에는 국가채무 비율이 늘어나는 추세이다. 특히 적자를 메우기 위한 적자성 채무가 늘어나고 있다. 공기업 부채도 늘고 있다. 물론 적자를 감수하더라도 국가가 돈을 써서 문제를 해결하려는 시도를 할 수는 있다. 문제는 '방향'이다. 지금처럼 토건사업에 돈을 쏟아붓고, 미래가 없는 일에 돈을 쏟아부으면 어떻게 하자는 얘기인가? 이래서는 정말 희망이 없다. 돈을 쓸 것이면, 시민들의 삶에 도움이 되고 미래를 내다보는 방향으로 돈을 써야 한다.

당장 정부는 2020년 예산을 513조 원 규모로 늘리겠다고 한다. 지금 이 돈을 제대로 써야 한다. 그러지 않으면 대한민국의 방향전환은 더욱 어려워진다. 국가적으로도 중요한 선택을 해야 하는 시기인 것이다.

그렇다면 지금 필요한 '큰 그림'은 어떤 그림일까? 그야말로 대한민국이라는 국가공동체의 방향을 완전히 돌릴 큰 그림이 필요하다. 그래서 암초를 향해 나아가고 있는 배의 항로를 안전한 방향으로 틀어야 한다. 이 책을 쓰는 목적은 그런 방향 전환을 제안하기 위한 것이다.

이 책에서는 가능하면, 서구의 논의를 가져오기보다는 우리의 역사와 경험에 기초한 제안들을 많이 하려고 한다. 이 땅에도 많은 개혁사상가들이 있었고, 일제 식민지 시절에 독립운동을 하던 분들이 꿈꿨던 나라의 모습이 있었다. 외부의 이론에만 의존하기보다 우리 안에서 '큰 그림'의 근거와 아이디어들을 찾으려는 노력이 필요하다.

이 책의 1장에서는 한국사회의 방향전환을 위해 기본전제가 되어야 하는 문제를 먼저 짚으려고 한다. 그것은 바로 지대추구경제, 지대추구사회에서 벗어나자는 것이다. 대한민국은 부동산지대뿐만 아니라 직업지대, 학벌지대도 심각하다. 이책을 쓰는 동안에 발생한 조국 법무부 장관을 둘러싼 논란도 본질은 지대추구에 있다. 재벌, 고액재산가들은 재산지대를 누리고, 전문직 부모, 중산층 이상 부모들은 어떻게든 자녀들에게 직업지대, 학벌지대를 물려주려고 한다. 이런 지대추구사회의 모습이 조국 논란을 통해 드러난 것이다.

지대추구사회에서 벗어나야 함께 사는 길이 보인다. 그것을 위해 지대감수성을 키우고 우리 사회 전반에서 지대불로소득을 제거하는 대대적인 개혁작업을 제안하고자 한다. 지대불로소득을 제거하는 것은 함께 사는 길로 가기 위한 기본전제이다.

2장에서는 방향전환을 위한 큰 그림을 그려보고자 한다. 앞으로 대한민국이 나아갈 방향은 공생共生, 공유共有, 공정公正의 세 가지로 요약할 수 있다. 그리고 이 세 가지 방향으로 나아가기 위한 경로과제로 '3기 7탈'을 제안한다. 세 가지 기본을 보장하고, 일곱 가지에서 벗어나는 전환을 해야 한다는 것이다.

3장에서는 '3기'(세 가지 기본)에 대해 설명한다. 공생·공유·공정의 사회로 나아가려면 먼저 기본소득, 기본주거, 기본농지·농사·먹거리가 보장되어야 한다.

4장에서는 '7탈'(탈성장, 탈지대, 탈화석연료·탈핵, 탈토건, 탈집중, 탈경쟁교육, 탈차별·혐오)에 대해 설명한다. 전환을 위해서 당장 벗어나야 할 일곱 가지 잘못된 흐름이다.

5장에서는 이 과제들을 실현하기 위한 수단으로 전환예산과 전환정부조직을 제안하려고 한다. 생각을 바꾸면 길이 보인다. 세금만 제대로 써도 우리 삶을 바꿀 수 있고, 기후위기도 해결할 방법을 찾을 수 있다. 세금으로 유지되는 정부조직이 소수의 기득권세력과 자기 조직의 이익을 위해 일하는 것이 아니라 시민들을 위해 일하기만 해도, 많은 것들을 해결할 수 있다. 그래서 예산을 바꾸고 정부조직을 바꾸는 것이 핵심이다. 또한

1987년 민주화 이후에 점점 더 큰 기득권집단이 되고 있는 관료집단을 개혁하지 못하면 모든 개혁은 좌초될 수밖에 없다. 그래서 관료개혁의 방안에 대해 살펴볼 것이다. 정보공개를 확대하고, 관료조직을 주권자들이 통제할 수 있어야 한다.

6장에서는 전환을 위한 우선과제라고 할 수 있는 선거제도 개혁, 헌법개정, 한반도 평화정착에 대해 얘기하고자 한다. 우리가 겪고 있는 모든 문제의 근원은 정치가 제 역할을 하지 못하는 데 있다. 그래서 2020년 총선을 계기로 정치를 바꾸는 것이야말로 미룰 수 없는 과제이다. 다만 사람을 바꾸는 것보다 시스템을 바꾸는 것이 더 중요하다. 더 나은 정치를 만들기 위해 선거제도 개혁과 헌법개정을 이뤄내야 한다.

또한 분단국가의 특수성 때문에 한반도 평화정착은 대한민국 방향전환을 위한 중요한 전제조건이다. 흔히 독일 통일에 대해 많이 얘기하지만, 실제로 참고할 것은 1970년대 서독의 빌리브란트 수상이 동독과의 관계를 어떻게 풀어서 평화체제를 정착시켰는가이다. 그런 사례를 바탕으로 한반도 평화정착의 길을 살펴볼 것이다.

제1장

지대추구사회에서 벗어나자

같이 살려면, 공존의 규칙rule을 정할 필요가 있다. 대한민국 방향전환을 위해서도 마찬가지이다. 없애야 할 것은 없애야, 새로운 길을 갈 수 있다.

지금 대한민국에서 사라져야 할 것은 매우 많아 보이지만 본질적으로는 하나라고 할 수 있다. 그것은 바로 지대地代불로소득이다.

대한민국의 경제를 설명할 때에 자본주의라는 설명으로는 부족하다. '지대추구경제'가 현재 대한민국 경제를 설명할 수 있는 적합한 표현이다. 물론 모든 자본주의 사회에서 지대는 있기 마련이다. 신자유주의가 지배하게 되면서 세계적으로도 금융, 부동산을 통한 지대추구행위가 더 심각해졌다. 대한민국의 경우는 그중에서도 특히 심각하다.

'지대불로소득'이 단순히 건물이나 땅을 가진 사람들이 벌어들이는 임대료나 부동산 가격 상승분만을 의미하는 것은 아니다. 그것도 당연히 포함되지만, 여기에서 말하는 지대불로소득의 범위는 광범위하다.

어떻게 보면, 정당하지 못한 소득이라는 의미일 수도 있겠다. 특권이나 특혜로부터 나오는 이익도 지대로 볼 수 있다. 권력과 유착해서 얻는 이익도 지대라고 할 수 있다. 과거에 재벌들이 정경유착을 통해 기업을 싸게 구입해서 이익을 봤다. 지금도 뇌물을 주거나 로비를 해서 이권을 따내려고 하는 경우들이 있는데, 이것도 지대추구행위라고 할 수 있다.

남산과 설악산의 케이블카

간단한 예를 들어보자. 서울의 남산과 강원도 설악산에는 케이블카가 있다. 이 케이블카를 운영하는 회사는 매년 막대한 돈을 벌어들인다. 영업이익만 수십억 원이 넘는다. 수려한 경관을 보기 위해 많은 사람들이 케이블카를 타기 때문이다. '땅 짚고 헤엄치는 장사'인 셈이다.

그런데 한 가지 의문이 생긴다. 남산과 설악산의 아름다운 자연경관은 케이블카 회사가 만든 것이 아니다. 아름다운 자연경관은 사실 누구의 것도 아니고 모두의 것이라고 할 수 있다. 그런데 그 아름다운 자연경관을 활용해서 돈을 벌어들이는 것은 케이블카 회사이다. 회사가 벌어들인 돈은 회사의 대주주에게 돌아간다. 게다가 사업 기간은 영구적이다. 대대손손 막대한 돈을 앉아서 벌어들일 수 있는 것이다.

그렇다면 이 대주주는 어떻게 케이블카 사업을 하게 됐을까? 시작은 박정희 정권 시절로 거슬러 올라간다. 남산 케이블카는 5·16 군사쿠데타 직후인 1961년에 허가를 받아서 57년째 특정한 가족들이 운영하고 있다. 한국삭도공업㈜이라는 회사가 운영 주체로 되어 있지만, 애초에 허가를 받은 한 모 씨 가족이 지분의 50%를 가지고 있고, 나머지 50%는 그 후에 합류한 이 모 씨 가족이 갖고 있다. 한국삭도공업㈜의 2017년 영업이익은 33억 4천 825만 원에 달했다.[*]

게다가 남산 케이블카가 사용하고 있는 승강장과 주차장 등 부지의 40.6%는 국유지이다. 국유지는 모든 국민들의 것인데, 특정인이 독점사용하면서 막대한 이익을 올리고 있는 것이다. 그런데 임대료는 2018년에 3천 624만 원으로 영업이익의 1%

---

[*] 「황금알 케이블카 : 남산 57년·설악산 48년… 가족기업에 영구적 이권」, 『연합뉴스』 2019 1. 29.

수준에 불과했다.*

설악산 케이블카는 박정희 전 대통령의 사위가 1970년 사업권을 획득해서 지금까지 운영하고 있다. 설악관광㈜ 명의로 운영되고 있는 케이블카는 설악산의 명소인 권금성까지 가는 노선이다. 이 회사 역시 매년 수십억 원의 순이익을 내고 있는 것으로 추정된다. 박정희 정권 시절에 케이블카 사업권을 특혜성으로 보장받은 이들이 지금까지도 앉아서 1년에 수십억 원을 벌고 있는 것이다. 그리고 이런 이권이 상속되면서 자손들까지도 대대손손 지대불로소득을 올리고 있다.

이처럼 지대불로소득이란 반드시 부동산에서 발생하는 불로소득만을 의미하는 것이 아니다. 특혜를 통해서 얻는 이익도 지대불로소득으로 볼 수 있다.

세금으로 보장되는 버스업자들의 지대

비슷한 사례를 하나 더 들어보면, 버스준공영제가 도입된 지역에 있는 버스업체 소유주들의 지대불로소득 문제가 있다. 최근에도 논란이 됐지만, 대한민국 주요 도시(서울, 부산, 대구, 광주,

---

* 『연합뉴스』, 앞의 기사.

대전, 인천)와 제주도는 '버스준공영제'라는 것을 실시하고 있다. 한마디로, 버스업체들이 적자를 보면 무조건 세금으로 보전해 주는 제도이다. 2004년 이명박 서울시장 시절에 서울시가 도입한 이 방식은 세계적으로도 예를 찾기 어려운 방식이다. 업체들에게는 표준운송원가라고 계산한 돈이 보장되는데, 그 안에는 임원 인건비, 관리직 인건비에 이윤까지 포함되어 있다.

2019년 1월에 MBC가 취재한 바에 따르면, 이름만 걸어놓고 억대 연봉을 받는 것으로 의심되는 버스업체 임원도 있었고, 5개 업체에 이름을 걸어놓고 연봉 8억 원을 받아가는 사례도 있었다. 친인척 채용 비리도 상당히 많을 것으로 의심되는 상황이다. 사람을 채용해 놓으면 인건비는 무조건 세금으로 보장되니 비리가 생길 소지가 높은 것이다. 이런 것도 전부 지대불로소득이다.

그런데도 정부는 버스준공영제를 다른 지역으로 확대하겠다고 하니, 더 많은 세금으로 버스업체 소유주들의 지대불로소득을 보장해주겠다는 것이다. 이런 사례들은 우리 사회에서 지대불로소득이 형성되는 경로를 보여준다. 힘을 이용해서 또는 힘이 있는 쪽에 붙어서 이권을 따내고 보장받는 것이야말로 손쉽게 지대불로소득을 얻는 방법이다.

앉아서 수조 원, 재벌일족의 지대불로소득

물론 대한민국에서 지대불로소득을 가장 효과적으로 얻어온 것은 재벌일족들이다. 재벌일족이라는 표현을 쓰는 이유는 재벌총수를 정점으로 한 가족들과 기업 자체는 구분할 필요가 있기 때문이다. 재벌을 비판하는 것은 삼성전자 같은 기업을 비판하는 것이 아니라, 삼성그룹 총수 일가를 비판하는 것이다.

어쨌든 지금까지 상당수 재벌일족들은 정치권력과 유착해서 좋은 사업권을 보장받거나 기업을 헐값에 받았다. 가령 삼성재벌은 이승만 정권 시절부터 역대 정권에서 각종 특혜를 받아 삼성그룹을 성장시켰다. 그 과정에서 뇌물도 오고 갔다. 이승만 정권 시절에 일제가 남긴 귀속재산을 헐값에 넘겨받았던 것이 삼성재벌의 시작이었고, 그 후에도 역대 정권과 삼성재벌은 유착관계를 형성해왔다.

이런 방식으로 기업을 성장시키는 것이야말로 손쉬운 길이라는 것이 알려지면서, 이런 사례들은 점점 더 확대된다. 노태우 정권 시절에는 당시로서는 무명인 '태영'이라는 건설업체가 방송사 허가를 받아서 SBS를 세웠다. 지금은 망한 동양그룹은 2012년 이명박 정부 말기에 강원도 삼척에 석탄화력발전소 관련 이권을 따내서 포스코에 일곱 배를 받고 팔아 3,600억 원 이상의 이익을 남겼다. 지금도 재벌들의 이권추구는 계속되고 있다.

　최근에 문제가 되고 있는 삼성물산·제일모직 합병 건도 전형적으로 재벌일족들이 정경유착을 통해 막대한 지대불로소득을 얻은 사례이다. 2015년 7월에 삼성물산과 제일모직이라는 두 대기업이 합병을 했는데, 합병 당시부터 합병 비율을 둘러싼 논란이 일었다. 합병할 때에 삼성물산 주식 1주가 제일모직 주식 0.35주와 같은 가치를 가지는 것으로 평가했기 때문이다. 이것을 두고 삼성물산 주식이 저평가되고 제일모직 주식이 과대평가되었다는 지적이 나왔다. 제일모직의 자회사인 삼성바이오로직스의 분식회계 등을 통해 제일모직 주식을 '뻥튀기'한 것은 이후에 사실로 드러났다.

　이렇게 제일모직 주식을 과대평가한 이유는, 이재용 삼성부회장이 제일모직 주식을 23.2% 보유하고 있는 반면, 삼성물산의 주식은 가지고 있지 않기 때문이다. 그래서 분식회계를 통해 제일모직의 주식 가치는 높이고 삼성물산의 주식 가치는 낮춘 것이다. 그렇게 해서 삼성물산과 제일모직이 합병한 결과 이재용 부회장이 얻은 이익은 4조 743억 원에 달한다는 것이 참여연대 측의 주장이다.

　이 과정에서 삼성물산 주식을 많이 가지고 있던 국민연금은 6,746억 원의 손해를 봤다. 국민연금과 다른 삼성물산 주주들이 손해를 보게 만들면서, 이재용 부회장에게 이익을 몰아준 것이다. 관련해서 이재용 부회장은 박근혜 전 대통령에게 뇌물을 줬다는 혐의로 기소되었고, 2019년 8월 29일 대법원에서 유죄 취지의 판결이 선고되었다.

이런 식으로 누구는 부패와 정경유착을 통해 앉아서 수조 원대의 이익을 보고, 누구는 피땀 흘려 일해도 최저생계에 필요한 소득을 올리기도 힘든 것이 지금의 대한민국 현실이다. 이런 사회에서 어떻게 공정을 얘기할 수 있는가? 이런 식으로 재산을 축재한 재벌일족이 소속 기업의 직원들에게 '경쟁'이니 '혁신'을 얘기하는 것은 언어모독이다. 자신들은 '경쟁'과 '혁신'이 아니라 부패를 통해서 재산을 축적했으면서 말이다.

전관예우도 지대

관료집단들이 누리는 특권도 지대이다. 퇴직 관료들이 받는 전관예우가 대표적이다. 업무의 양이나 질이 아니라, 그 사람이 직전에 어떤 자리에 있었는지에 따라 수임료나 급여가 달라질 때, 그 차액은 지대인 것이다. 예를 들어 변호사가 500만 원 수임료로 할 수 있는 사건을 1억을 받고 맡을 때, 9천 5백만 원은 지대인 것이다.

전관예우는 판사, 검사들만 누리는 것이 아니다. 대한민국의 관료집단은 어떤 형태로든 전관예우와 관련되어 있다. 법원 공무원을 하다 퇴직한 법무사, 세무 공무원을 하다 퇴직한 세무사, 노동부(노동청)에서 일하다 퇴직한 노무사들도 전관예우를 받는다.

심지어 자격증이 없어도 전관예우를 받는다. 거대 로펌에서는 공정거래위원회, 국세청, 금융감독원 등에서 퇴직한 공무원을 스카웃한다. 장관 인사청문회 때 단골로 나오는 것이, 퇴직한 고위공무원이 로펌의 고문으로 취업해서 월 수천만 원대의 고문료를 받는 문제이다.

사립학교 비리문제, 사회복지시설 비리문제도 마찬가지이다. 사립학교나 사회복지시설을 설립하면, 대를 이어가면서 일가들이 족벌운영을 한다. 친인척들이 취업을 하고, 온갖 방법으로 이익을 추구한다. 공적인 영역이어야 할 교육과 사회복지가 지대불로소득을 얻는 가장 대표적인 분야가 되고 있다.

2001년 나는 서울시내 모 사립학교에 관선이사로 파견되었는데, 문제의 사립학교는 설립자의 비리가 드러난 상황이었다. 그 사립학교의 행정실장을 만났는데 설립자의 아들이었다. 미국에서 경영학 석사MBA 학위를 딴 후에 아버지가 이사장으로 있는 학교의 행정실장을 하고 있었다. 이사장 친인척도 교사로 채용되어 있었다. 그런 학교가 하나둘이겠는가? 2018년에 사회적으로 큰 이슈가 되었던 사립유치원 문제도 마찬가지이다. 세금이 지원되는 사립유치원도 일부에게는 돈벌이 수단이었을 뿐이다.

이처럼 대한민국은 사회 모든 분야에서 지대불로소득이 넘쳐나고 있다. 물론 그것을 누리는 것은 기득권을 가진 소수의 사람들이다. 그러면서 대한민국의 기득권층은 평범한 시민들에게는 경쟁과 효율을 강요한다. 정말 괴물 같은 시스템이다.

지대불로소득과 지대추구경제

앞서 지대불로소득이라는 단어를 사용했기 때문에, 그 단어의 의미를 좀 더 설명해보겠다. 여기서 말하는 '지대'는 영어로는 'rent'이다.

지대라고 하면 부동산에서 발생하는 지대만 생각하기 쉬우나, 지대의 개념은 확장되어 왔다. 그리고 지대에 대한 개념 정의는 경제학자들 사이에서도 다양하다. 이정전 서울대 명예교수에 따르면, "공연히 지불된 돈", "굳이 지급하지 않았어도 (경제 효율에) 아무런 지장이 없는 소득"을 의미한다. 전강수 교수(대구가톨릭대)는 지대가 부동산, 학벌, 독점, 상속, 일자리 특권, 자연

자원, 권력관계 등에서 발생한다고 본다.[*]

이 책이 개념을 따지자는 것은 아니므로, 대략적으로 지대란 "노력에 대한 정당한 대가를 뛰어넘는 이익, 특권·특혜를 통해 얻는 이익"이라고 해두자. 부동산 가격의 과도한 상승으로 얻는 이익, 부동산 임대료 등도 지대에 해당하지만, 권력과 유착해서 얻는 이익도 지대라고 할 수 있다. 앞서 살펴본 남산과 설악산의 케이블카, 버스준공영제의 경우, 재벌들의 정경유착으로 얻은 이익, 뇌물이나 로비로 얻은 이익 등도 모두 지대라고 할 수 있다. 이렇게 지대를 정의하는 이유는 일을 해서 정당하게 얻는 이익과 대비되기 때문이다.

그리고 그냥 '지대'라고 해도 되지만, 이 책에서는 좀 더 명확하게 '지대불로소득'이라는 단어를 쓴다. 불로소득 자체가 모두 나쁜 것이 아니라 그중에서도 지대불로소득이 나쁘다고 보기 때문이다.

어떤 의미에서는 모두에게 불로소득이 고르게 보장되는 사회가 더 좋은 사회일 수 있다. 기본소득이 모두에게 지급되는 사회가 그런 사회이다. 그런데 지금의 지대불로소득은 소수에게 집중된다. 부동산 투기, 특권, 특혜, 부패 같은 경로를 통해서

---

[*]　전강수,『부동산 공화국 경제사』, 여문책, 2019, 10쪽 참조.

소수만 지대불로소득을 얻는 것이다.

만약 어떤 사회에서 지대불로소득을 통해 얻을 수 있는 이익이 일을 해서 정당하게 버는 이익보다 크다면 어떻게 될까? 아마 많은 사람들이 일을 해서 돈을 벌려고 하기보다는, 어떻게든 지대불로소득을 더 얻기 위해 골몰하게 될 것이다.

가령 한국에서 가장 대표적인 지대불로소득은 부동산 가격 상승에서 발생한다. 한 해 동안 일해서 모을 수 있는 돈을 훨씬 뛰어넘는 아파트값 상승이 일어난다면, 직장인들이 모여서 아파트값 얘기만 하게 될 수밖에 없다.

그러나 모두가 지대불로소득을 얻을 수 있는 것은 아니다. 한 사회에서 모든 사람들이 지대불로소득을 얻을 방법은 없다. 특정한 사람들은 지대불로소득에서 배제된다. 부동산을 구입할 수 있는 여력이 없는 사람들, 대출도 받기 어려운 사람들은 당연히 부동산 지대불로소득에서 배제된다. 한쪽에서는 지대불로소득을 얻기 위한 관심이 뜨겁지만, 다른 한쪽에서는 소외감만 느끼게 되는 것이다. 이런 사회가 공동체라고 할 수 있을까?

사실 자본주의냐 아니냐의 구분은 피상적인 것이다. 자본주의 국가라고 해서 똑같지 않다. 모든 자본주의 사회에 지대는 있기 마련이지만, 대한민국의 경우는 너무 심하다. 그런 점에서 대한민국 경제를 규정할 때에는 자본주의경제라는 말로는 부족하다. 대한민국 경제는 철저한 지대추구경제이다.

그런 점에서 문재인 정부가 표방하고 있는 '소득주도성장'이라는 것도 한계가 명백하다. 지대불로소득을 줄이지 않은 상태에서 최저임금을 올린다고 해도 그 효과는 제한적일 수밖에 없다. 기본적인 주거를 보장하고 새로운 사회안전망을 만들어야 지대불로소득이 없는 다수 사람들의 삶을 개선할 수 있다. 그에 필요한 재원은 지대불로소득을 환수해서 만들면 된다.

대표적인 지대불로소득의 원천, 부동산

전강수 교수는 한때 자발적인 근로의욕과 창의력, 높은 저축열, 뜨거운 교육열과 학습열, 모험적인 기업가 정신으로 충만한 사람들로 가득 찼던 대한민국이 이렇게 변했다고 묘사한다.

"생산적 투자에는 관심 없이 비업무용 땅 사재기에 열을 올리는 기업, 대출 받아서 갭투자를 하는 데 관심과 정력을 쏟는 회사원, 부동산 특강 강사를 따라 '아파트 사냥' 투어에 나서는 주부, 건물주가 꿈인 중학생……"

과장된 면이 있을지 모르지만, 엄연한 현실이다.

그리고 이 사회의 기득권세력은 최저임금을 가지고는 시비를 걸지만 부동산에서 발생하는 지대불로소득에는 관대하기 짝이 없다. 최저임금위원회는 2020년 최저임금을 시간당 8,590원으로 의결해서, 2019년 최저임금(8,350원)보다 겨우 240원(2.87%) 인상했다. 최저임금에 대한 끊임없는 공격 때문이다.

그러나 부동산에서 발생하는 지대불로소득의 규모는 최저임금을 무색하게 한다. 전강수 교수에 따르면, 대한민국에서는 2007~2016년 10년 동안 해마다 440조~520조 원의 부동산소득이 발생했다. 이것은 국내총생산의 30%를 넘는 엄청난 규모이다.* 이런 추세는 그치지 않고 있다. 서울의 집값이 잠깐 주춤했던 2018년에도 전국의 지가 상승률은 4.58%로, 2006년(5.61%) 이후 12년 만에 최고 수준이었다.

대한민국의 부동산 가격 수준은 비교 가능한 국가들 중에서 최고 수준이다. 대한민국의 경우에는 토지가액의 합계액이 국내총생산 대비 네 배가 넘는다. 반면에 핀란드 같은 나라는 토지가액의 합계액이 국내총생산에 못 미친다. 독일도 두 배가 되지 않는다. 이미 대한민국의 부동산 가격은 국민들의 소득 수준

---

* 　전강수, 앞의 책, 170쪽.

에 비해서 높아도 너무 높은 수준이다.

게다가 임금에는 꼬박꼬박 근로소득세가 붙는데 부동산 불로소득에 대해서는 세금도 제대로 걷지 않는다. 부동산에 붙는 세금에는 보유세, 임대소득에 대한 소득세, 팔 때 내는 양도소득세 등이 있는데, 불필요하게 부동산을 과다보유하는 것을 막으려면 보유세를 강화하는 것이 필수적이다. 그러나 '부동산 공화국'인 대한민국의 보유세 수준은 미미한 편이다. 2016년 기준으로 민간이 보유한 부동산 자산 총액은 8,417조 6,000억 원이다. 그런데 그 해의 보유세 세수는 종합부동산세 1조 5,000억 원, 재산세 10조 2,000억 원, 기타 부가세 1조 7,000억 원으로 합계 13조 4,000억 원이었다. 보유세 실효세율이 0.16%에 불과했다. 이는 OECD 평균인 0.33%의 절반 수준에 불과하다.* 문재인 정부가 2018년에 종합부동산세 세수를 1조 150억 원 증가시키겠다고 발표했지만, 너무 미약한 수준의 증세이다.

보유세가 약하니, 부동산 가격 상승을 노리고 부동산투기를 하는 사람들이 늘어날 수밖에 없다. 게다가 임대소득에 대한 과세도 허술하다. 임대주택사업자로 등록한 사업자들에게 갖은

---

* 전강수, 앞의 책, 194쪽.

세제혜택을 주는 바람에 큰 문제가 되기도 했다. 노동의 댓가인 임금에는 인색하고 부동산 불로소득에는 관대한 정책으로 어떻게 건전한 경제를 만들 수 있다는 말인가?

부동산 지대불로소득을 잡는 것은 정부 정책의 최우선순위에 둬야 할 문제이다. 그러나 세 차례의 소위 민주정부를 거치면서도 이를 해결하지 못하고 있고, 부동산 불평등은 날로 심각해지고 있다.

'SKY 캐슬'과 의사들의 지대

지대불로소득이 만연하면서 사회가 변했다. 옆에서 지대불로소득을 얻는 사람이 보이고 뉴스를 통해 집값·땅값이 얼마 올랐다는 것을 일상적으로 접하는데, 열심히 일할 의욕이 나겠는가? 이렇게 지대불로소득을 올리는 것이 선호의 대상이 되면서, 지대불로소득은 경제만이 아니라 문화와 의식까지도 지배하고 있다. 직업에 대한 선호도 그 직업이 가진 지대불로소득의 크기에 따라 정해진다.

최근 〈SKY 캐슬〉이라는 드라마가 인기를 끌었다. 자녀를 서울대 의대에 보내려는 부모의 욕망을 소재로 한 드라마였다. 그 드라마를 보면서도 나는 '지대'라는 단어가 떠올랐다. 지금의 의대 졸업생이 누리는 혜택 가운데 상당 부분은 '지대'이다. 인위적으로 만들어진 구조에서 생기는 이득이 있기 때문이다.

의사라는 직업이 누리는 일종의 직업지대가 존재한다는 얘기이다. 의사들이 "내가 일해서 번 돈인데, 무슨 지대냐?"라고 한다면, 대한민국 정부가 의대 졸업정원을 통제하고 있는 것을 생각해보라고 말하고 싶다. 대한민국은 OECD 국가 중에서 의과대학 졸업자 수가 가장 적은 국가이다. OECD 평균 의대 졸업자 수는 2015년 인구 1,000명당 12.1명인 데 반해, 대한민국은 6.0명(한의대 제외)에 불과하다. 그렇다면 의대 졸업생 수를 늘려야 하는데, 의사들의 반발이 거센 것이다.

의대 졸업생 숫자를 통제한 결과는 무엇일까? 대한민국은 의사들의 소득이 정규직 노동자 평균연봉의 4배가 넘는다.[*] 2016년 기준으로 연 1억 5천 656만 원으로, 통계청 경제활동 조사에 따른 2016년 정규직 노동자 월평균임금 279만 5천 원의 4.16배인 것이다. 반면 OECD 국가 평균은 의사 연봉이 일반 노동자 대비 3배 수준을 넘지 않는다. 이렇게 대한민국에서 의사와 일반 노동자의 연봉 격차가 큰 것은 의사 숫자를 통제하는 것과 무관하지 않다.

---

[*] 2018년 3월 14일 발표 '국민보건의료 실태 조사', 보건복지부.

그러니 의사가 되고 싶어서 치열한 경쟁을 벌인다. 그러나 과연 의사가 받는 연봉이 모두 의사가 하는 노동에 대한 정당한 대가일까? 아니면 의사의 숫자를 제한한 결과가 일부 반영되어 있을까? 나는 후자라고 본다. 이렇게 특정 직업의 지대를 만들어놓고, 그 직업을 갖기 위해 치열한 경쟁을 하는 것이다.

이 얘기가 의료 현장에서 치열하게 일하고 있는 많은 의사들의 노력을 무시하는 것은 아니다. 같은 의사 직업 내에서도 전공 분야, 부모로부터 물려받은 배경에 따라 많은 차이가 있는 것도 사실이다. 그런 부분들에 대해서는 추후에 더 세부적인 논의를 해나가면 좋겠다.

교수들이 누리는 직업지대

대학 교수도 지대로 인한 이익을 누리는 대표적인 직업군이다. 소위 말하는 '좋은 대학' 교수들의 연봉도 꽤 높은 수준이지만, 그 외에도 교수가 누리는 혜택은 많다. 각종 연구용역을 수주해서 대학원생들에게 일을 시키고 교수가 이익을 취하는 경우가 많다는 것은 이미 알려진 사실이다.

최근에는 정부로부터 연구비를 지원받은 일부 교수들이 해외의 가짜 학회에 참석해온 것이 드러나서 충격을 주기도 했다.

독립언론인 『뉴스타파』가 밝혀낸 바에 따르면, 일부 대학 교수들이 참가비만 내면 논문을 채택해주는 '와셋'WASET 등 해외 부실 학회에 참석해온 것으로 드러났다. 자기 돈이 아니라 정부 예산을 지원받아 이런 가짜 학회에 참석하고 논문을 발표했다는 것이다. 이것은 연구비를 부정하게 유용한 것일 수도 있고, 부실 논문을 발표한 것일 수도 있다.

뒤늦게 교육부와 과학기술통신부가 조사를 해보니, 2014년부터 2018년까지 5년간 1,317명의 국내 연구자들이 그런 가짜 학회에 참석했다는 것이다. 가장 많은 교수들이 참가한 대학이 서울대(88명)와 연세대(82명), 경북대(61명)였다니 할 말을 잃는다.

이런 어처구니없는 일이 일어나는 것은, 연구나 교육이 좋아서가 아니라 대한민국의 교수가 누릴 수 있는 특권에 눈이 어두워 교수가 되고자 하는 이들이 상당수 있기 때문이다. 그리고 실제로 교수가 되면 많은 특권이 주어진다.

심지어 최근에는 교수들이 자녀들을 논문의 공동저자로 올려온 것이 드러나기도 했다. 자녀의 진학에 도움이 되기 위해 그렇게 한 것이라는데, 이는 교수라는 직업이 누리는 매우 문제적인 '지대'이다.

대한민국 교수는 우주 최강의 직업?

이런 대학 교수의 문제에 대해 대학사회 안에서 보기 드물게 통렬한 비판을 한 사람이 있다. 경희대 김종영 교수(사회학)는 "대한민국의 교수는 우주 최강의 직업"이라고 표현했다. 그는 2015년에 출판한 『지배받는 지배자 : 미국 유학과 한국 엘리트의 탄생』이라는 책의 끝부분에서 한국 대학과 학계의 천민성에 대해 비판한다. 그는 한국의 학계에 대해 "학벌인종주의, 남성우월주의, 폐쇄적 파벌주의, 유교적 위계질서, 검증되지 않은 전문가, 상징폭력sybolic violence이 난무한다"고 표현했다. 그의 책이 파장을 일으킨 후에 『교수신문』과 인터뷰한 내용을 인용하면 다음과 같다.

> 한국 대학 교수는 한번 교수가 되면 65세인 정년이 될
> 때까지 누구도 쫓아내지 못한다. 승진을 위해 정량적인
> 논문 점수만 채우면 되는데 이를 채우지 못해 대학을
> 그만두는 분들은 거의 없다. 정교수가 되면 연구를 하든 안
> 하든 누구도 상관하지 않는다. 미국 대학에서는 부교수나
> 정교수가 돼도 연구 실적이 없으면 월급이 오르지 않고
> 철저하게 무시를 당한다. 한국 대학에선 젊은 학과장이
> 나이 많은 교수에게 공부 좀 하라는 말을 절대 못 한다.

나이를 중시하는 유교문화와 서로가 학연으로 얽혀 있기 때문이다.

한국 대학 교수는 사회적으로 많은 대접을 받는다. 유교문화가 지배적인 사회라서 분에 넘치는 존경과 대접을 받고 있다. 따라서 많은 교수들이 이런 사회적 분위기 때문에 흔히 말해 스포일spoil된다. 교수 출신으로 장관, 국회의원, 청와대 보좌관이 되는 분들을 흔하게 볼 수 있다. 한국 교수는 대학뿐만 아니라 정부와 재계에서 대접받으면서 일을 할 수 있는 기회가 많다. 물론 많은 교수님들이 열악한 환경에서 연구와 교육을 수행하고 계시지만, 한국 대학 교수들은 자신들의 능력에 비해서 너무 큰 사회적 대접을 받고 있다. 이러한 점들이 내가 한국 대학 교수가 '우주 최강의 직업'이라고 부르는 이유다.

그리고 김종영 교수는 이렇게 대학 교수들이 누리는 것을 '지대'로 본다. 특히 "명문대 학위만을 가지고 사회적으로 실력 보다 더 큰 보상을 해주고 이것을 전략적으로 이용하는 것"이 야말로 '상징적 지대추구 행위'라는 것이다. 가령 하버드대를 나온 사람이 자신이 이룬 특별한 업적 없이 사회에서 보상과 인 정을 쉽게 받으려고 노력한다면 이것은 일종의 상징적 지대추구 행위라는 것이다.*

대한민국의 언론도 교수집단의 지대를 보장한다. 모든 사회적 공론의 장에 교수를 호명하는 역할을 하고 있기 때문이다. 그러나 실제로는 그 교수가 해당 분야의 전문가가 아닌 경우도 많다.

지방으로 가면, 지방대학 교수들이 지역의 기득권세력을 위해 '부역'하는 역할을 하는 경우도 본다. 역시, 자기 전공이 아닌 주제에까지 관여하는 경우도 본다. 대학 교수를 하면서 정치권을 기웃거리는 폴리페서들도 흘러넘친다. 87년 민주화 이후에 시간이 갈수록 이런 현상은 더욱 심해진다. 선거 때마다 유력 후보들의 캠프에 교수들이 넘쳐나는 현상은 점점 더 심해진다. 실력이 없어도 줄만 잘 서면 한자리 차지할 수 있기 때문이다.

물론 연구와 교육에 전념하는 많은 대학 교수들이 있다. 그럼에도 대학 내부에서 이런 문제들을 정리하지 않는다면, 대학 교수에 대한 신뢰는 회복될 수 없을 것이다. 대학 교수들이 누리는 지대에 대해 대학 내부에서부터 비판하고 바로잡으려는 노력이 필요하다.

---

* 「"우리는 교수가 아니라 천민… 배타적 인종차별주의 극복해야 학계 산다"」, 『교수신문』 2015. 6. 15. 인터넷판.

지대불로소득을 키우는 정치

대한민국은 '지대불로소득'이 경제영역만이 아니라 사회의 문화, 의식까지도 규정하고 있는 사회이다. 소위 말하는 '갑질'도 지대불로소득을 누리는 자들이 그렇지 않은 사람들을 자기보다 열등한 존재로 보기 때문에 발생하는 현상이다.

이런 것을 막는 것이 정치의 역할이다. 정치가 지대불로소득의 발생을 억제해야 한다. 그리고 필요하면 그것을 환수하는 정책을 펴야 한다. 또한 지대불로소득을 얻지 못하는 다수의 시민들도 인간다운 삶을 살 수 있도록 정책을 만들고 실천해야 한다. 한 사회 구성원 모두가 누려야 할 공유재共有財(공유자원)를 잘 지키는 것도 정치가 해야 할 중요한 역할이다. 그런데 대한민국의 정치는 거꾸로이다. 대한민국의 정치는 지대불로소득을 키우는 지대확대정치이다.

지대확대정치가 작동하는 경로는 이미 잘 알려져 있다. 우선 각종 법률과 행정부의 시행령, 시행규칙을 통해서 부동산 가격 상승을 불러일으킨다. 그리고 각종 개발사업에 국민세금을 쏟아붓는다. 그 혜택은 소수에게만 돌아간다. 입법을 통해 지대불로소득을 환수해야 하는데, 지금의 정치는 오히려 지대추구를 보장하고 그것을 더 부추기는 것이다. 그리고 부패와 정경유착, 로비 등을 통해 소수에게 특권, 특혜, 이권을 나눠주는 것도 지금의 정치가 하는 일이다.

지대확대정치는 소수자나 약자에게는 가혹하다. 2018년 12월에 국회에서 예산안이 통과될 때에 있었던 일이다. 당시에 나는 분노로 잠을 설쳤다. 사람에게 꼭 필요한 예산은 깎였는가 하면, 도로 건설하는 예산은 또 늘어났기 때문이다. 가장 분노하게 만든 것은 가난한 노인들에게 월 10만 원의 생계비를 지급하자는 예산과 장애인 연금 지급 대상을 확대하자는 예산이 삭감된 것이었다.

지대불로소득은 보장하면서, 소수자나 약자들의 삶을 개선하기 위한 예산은 거침없이 삭감하는 정치. 이런 정치를 바꾸는 것이 문제 해결의 첫걸음일 수밖에 없다.

그러면서 정치인들은 자신들의 지대를 챙긴다. 국회의원들이 누리는 특권이 대표적이다. 국회의원이 되면 1억 5천만 원이 넘는 연봉과 아홉 명의 개인보좌진이 생긴다. 모두 국가가 세금으로 보장하는 것이다. 사무실 운영비, 공과금, 소모품비, 주유비, 출장비 모두 세금으로 보장해준다. 게다가 1년에 3억 원까지 후원금을 모아서 쓸 수도 있다.

대한민국 국민들의 소득 수준은 스웨덴, 덴마크 같은 복지 국가들보다 적은데, 국회의원들의 연봉은 그 나라들보다 높다는 것은 이상한 일이다. 이것도 일종의 지대로 볼 수 있다.

공유재를 다시 공유재로

이런 나라는 소수의 기득권자들을 위한 나라이다. 이런 나라는 역사적으로도 정당성을 전혀 찾을 수 없는 나라이다. 일제 하에서 독립을 위해 싸웠던 독립운동가들이 원했던 나라의 모습은 이런 나라가 아니었다. 정치, 경제, 교육이 균등한 국가가 독립운동가들이 꿈꿨던 나라이다.

심지어 많은 독립운동가들은 토지를 국유(국가소유)로 해야 한다고 생각했다. 그에 대해서는 이 책의 2장에서 설명할 것이다. 독립운동가들은 그 정도로 토지, 천연자원 등의 공유재는 모두의 것이어야 한다고 생각했던 것이다.

그렇다면 어떻게 해야 할까? 일단 토지부터 어떻게 할지 생각해보자. 토지국유화까지는 아니더라도, 토지는 공유재임을 명확하게 할 필요가 있다. 토지는 인간의 노력으로 만들어진 것이 아니고, 토지는 무한공급가능한 물건이 아니다. 따라서 모두의 공유재로 관리되어야 한다.

그 구체적인 방안으로 ① 토지를 과다하게 소유하거나 필요 없이 소유하는 것을 규제하고 ② 토지에 대한 세금을 강화하는 것이 논의되어 왔다.

토지를 과다하게 소유하거나 불필요하게 소유하는 것을 금지하는 것은 과거 노태우 정권 시절에 토지공개념이라는 이름으로 도입되었던 정책이다. 구체적으로는 '택지소유상한제'라는 정책이었다. 집을 지을 수 있는 땅인 택지를 소유할 수 있는 상한을 둔 것이다. 서울, 부산, 대구, 인천, 광주, 대전인 6대 도시에서 실시됐는데, 한 가구가 소유할 수 있는 주택면적의 상한을 서울특별시 등 6대 도시는 660m²(200평), 6대 도시 이외의 도시는 990m²(300평), 읍·면 지역은 1,320m²(400평)로 정했다. 상한선을 초과하면 택지초과소유부담금을 내야 하고, 부담금을 내고 싶지 않으면 국가에 매입해달라고 '매수청구'를 할 수 있게 했다.

이 택지소유상한제는 헌법재판소에서 위헌결정을 받지만, 제도 자체가 위헌이라는 것은 아니었다. 660m²라는 소유상한선이 지나치게 엄격하다는 것이 위헌결정의 이유였다. 그리고 법이 시행될 당시에 이미 택지를 소유하고 있는 경우에는 새로 택지를 구입하는 사람과는 달리 좀 더 많은 예외를 인정해야 하는 것 아니냐는 것이었다. 따라서 지금이라도 택지소유상한제를 부활시키는 것은 가능하다. 또는 3주택 이상 소유를 금지한다든지 하는 방법으로 다주택 소유를 금지시키는 방법도 생각해볼 수 있다.

토지를 공유재로 복귀시키는 또 다른 방안은 토지에 대한

보유세를 강화하는 것이다. '보유세'는 말 그대로 토지·건물을 보유하고 있는 사람에게 부과하는 세금이다. 이 보유세를 강화하되, 일정 금액 이상의 토지·건물을 소유하고 있는 사람에게는 더 많은 보유세를 물릴 필요가 있다. 지금도 종합부동산세라는 이름으로 과세하고 있지만, 실효성이 너무 약하다. 훨씬 더 강력한 보유세를 과세할 필요가 있다. 그러면 불필요하게 집을 많이 갖고 있는 사람은 보유세 때문에라도 집을 팔게 된다.

얼마 전, 캐나다에서 수십 년 동안 살다 온 분을 만날 기회가 있었다. 그분은 대한민국에 와서 수십억짜리 아파트를 가진 사람이 내는 보유세가 너무 적어 놀랐다고 한다. 캐나다에서는 주택 가격의 1.5% 정도의 보유세를 매년 내야 하므로, 스스로 적절한 규모의 주택에서 살 수밖에 없다는 것이다. 그분은 그것이 정당하다고 생각하는 듯했다. 실제로 미국, 영국, 캐나다의 보유세 실효세율은 1%가 넘는다. 그런데 대한민국의 보유세 실효세율은 앞에서 언급한 것처럼 0.16%에 불과하다(2016년 기준).

이렇게 해서 토지를 공유재로 돌리면서, 필요한 사람에게는 부동산을 이용할 수 있는 권리를 보장하면 된다. 집이 필요한 사람에게는 집을, 농지가 필요한 농민에게는 농지를 제공하는 것이 정부가 해야 할 일이다. 꼭 소유권을 주지 않아도 된다. 임대주택을 공급하여 안정적으로 거주할 주거공간을 제공하고, 농민에게는 장기적으로 안심하고 농사를 지을 수 있는 농지를 공급하면 된다.

꼭 새로 집을 지어야만 하는 것도 아니다. 농촌이나 도시에 빈집이 많이 생기고 있다. 빈집을 국가나 지방자치단체가 매입하거나 장기임대를 해서 임대주택으로 공급하는 방법이 있다. 주택매입 자금은 어디서 나오냐고 걱정할 수도 있다. 국민연금을 활용할 수도 있고, 정부가 다주택자의 주택을 매입하면서 채권을 주는 방법도 있다. 관련된 내용은 2장과 3장에서 살펴보겠다.

농지도 마찬가지이다. 농촌이 고령화되고 나이든 농민들이 돌아가시면서 농사를 짓지 못하는 땅도 늘어나고 있다. 그런데 귀농하려는 사람들은 장기적으로 안심하고 농사지을 수 있는 땅이 없다. 정부가 나서서 양쪽을 연결하면 된다. 이것이 토지를 공유재로 복원시키는 방안이다.

지대 철폐와 지대감수성 키우기

부동산에서 나오는 지대불로소득만이 아니다. 우리 사회 곳곳에 존재하는 지대를 줄여나가고 없애나가야 한다. 지대불로소득이 줄어드는 것은 사람들에게 긍정적인 영향을 미칠 수밖에 없다.

앞서 예로 든 남산과 설악산의 케이블카 사업에서 나오는 이익이 공적인 용도로 사용된다면, 그리고 버스준공영제로 버스회사 소유주들이 가져가는 부당한 이익이 사라진다면, 그 돈으로 시민들의 삶에 보탬이 되는 일을 할 수 있다.

전관예우가 없어지면 부패도 줄어들고 사법이나 행정에 대한 신뢰도가 높아질 수 있다. 의사들의 숫자가 더 늘어난다면 국민들이 받는 의료서비스의 질이 좋아질 수 있다. 일부 교수들이 누리는 과도한 특권이 없어진다면, 대학이 연구와 교육이라는 본연의 기능에 더욱 충실해질 수 있을 것이다.

이런 지대불로소득들을 없애려면 법·제도를 개선하는 것이 필요하다. 물론 기득권을 가진 사람들의 저항이 있겠지만 불가능한 것은 아니다.

시작은 정치·행정분야의 지대불로소득을 없애는 것부터 해야 한다. 법·제도를 만들고 그것을 해석하고 집행하는 권한을 가진 사람들의 지대불로소득을 없애야 다른 분야의 지대불로소득을 없애는 것이 설득력을 가질 수 있다. 그래서 국회의원, 지방의원들이 누리는 지대를 없애야 한다. 행정부 공무원들의 퇴직 후 낙하산을 없애야 하고, 힘 있는 부처 출신의 공무원들이 로펌에 취업하는 것을 막아야 한다. 법조계의 전관예우를 없애야 한다.

큰 기득권이 아닌 약간의 기득권을 가진 사람들은 양심적 결단을 내릴 필요도 있다. 어차피 이 사회는 함께 살아가야 하는 사회이다. 나의 작은 기득권이 이 사회의 거대한 지대불로소득 구조를 유지시키는 데 기여하지 않도록, 나부터 지대를 끊어내는 것이 필요하다. 그래도 먹고사는 데 큰 지장은 없지 않은가?

다른 한편으로는 잘못된 지대불로소득을 찾아내고 개선시키는 '지대감수성'을 시민 모두가 키우는 것이 필요하다. 지대불로소득은 결국 사회의 건강성을 해친다. 모두가 함께 사는 사회를 만드는 것을 방해한다. 그렇다면 지대불로소득이 있을 때 눈감지 말고 그것을 없애기 위해 노력하는 것이 모두를 위해 필요하다.

공유재 파괴로 이익을 얻는 것도 막아야

시대가 변했기 때문에 좀 더 나아갈 필요도 있다. 우리가 마시는 공기, 흙, 물은 그야말로 모두의 것이고 공유재이다. 그런데 자기 이익을 위해 공유재를 파괴하거나 오염시키는 자들이 있다면 어떻게 해야 할까?

최소한 공유재를 파괴하는 행위에 대해서는 응분의 비용을 부담시키는 것이 옳다. 가령 미세먼지를 내뿜는 발전소와 사업장에 대해서는 비용을 부담시켜야 할 것 아닌가? 그런데 그 부분은 방치하고 국민세금으로 미세먼지 대책예산만 쏟아붓는 것은 옳지 못하다.

예를 들어, 미세먼지를 배출하는 10대 사업장을 뽑아보면 제철회사, 시멘트공장, 석탄화력발전소 등이 많다. 이런 사업장들이 배출하는 황산화물, 비산먼지 등 대기오염물질에 대해 배출부과금을 부과·징수하도록 되어 있지만, 제도의 실효성이 매우 약하다. 징수되는 대기배출부과금의 수준이 2015년 83억 원, 2016년 122억 원, 2017년 83억 원으로 의미가 없는 수준이다. 사업자 입장에서는 이 돈을 내고 대기오염물질을 그냥 배출하면 그만인 것이다. 더구나 초미세먼지(PM2.5)의 주요 부분인 질소산화물에 대해서는 아예 대기배출부과금을 부과하지도 않았다.

심지어 일부 사업자들은 배출되는 미세먼지량을 조작해온 것으로 드러났다. 2019년 4월 환경부 발표에 따르면 여수산업단지에서만 235개 사업장이 대기오염물질 배출량을 조작한 것으로 드러났다. 뒤늦게 환경부는 대기오염물질 배출량 측정을 엄격하게 하고, 2020년부터 질소산화물에 대해서도 대기배출 부담금을 부과하겠다고 밝혔지만, 그 기준도 미미한 수준이다.

반면에 미세먼지로 인해 치르는 사회적 비용은 엄청나다. 시민들은 개별적으로 마스크를 사야 하는 등 경제적 부담이 만만치 않다. 안심하고 숨쉬기 어려운 것에 따른 정신적 고통도 크다. 미세먼지로 인해 아픈 사람들이 늘어나면 의료비 부담도 증가해서 전체 사회가 많은 비용을 부담해야 한다. 그런데 그 원인이 되는 물질을 배출하는 사업자는 비용부담을 하지 않는다니, 원칙에 맞지 않는다.

이렇게 우리 모두의 공유재인 공기를 오염시켜 돈을 버는 사업자가 정당한 비용을 내지 않는 것도 일종의 지대를 누리는 것이라고 할 수 있다. 이런 유형의 지대를 없애려면 '오염자 부담원칙'에 따라 대기오염물질 배출에 대해 제대로 비용을 물려야 한다. 그러면 기업들은 대기오염물질 배출을 줄일 수밖에 없다.

그래서 미세먼지 배출에 대해 환경세를 물려야 한다. 환경세를 걷는 과세자료가 되는 대기오염물질에 대해서도 정부가 배출량을 관리·통제해야 한다. 지금까지처럼 민간 측정업체에 맡겨놓을 일이 아니다. 이런 세금이 도입되면 미세먼지 배출량을 조작하는 것이 탈세범죄가 된다. 탈세는 어느 나라든 매우 무겁게 처벌하는 범죄이다. 그래서 함부로 미세먼지 배출량을 조작하기가 어려워진다.

중국에서 날아오는 미세먼지는 어떻게 하느냐고 물을 수 있다. 국내에서 이렇게 비용을 부담시켜서 대기오염물질을 줄여나가면, 중국에 대해서도 더 당당하게 대책을 요구할 수 있다. 지금 중국의 태도는 "우리는 나름대로 줄이고 있는데, 대한민국 너희는 뭘 하고 있느냐?"는 식이다. 이런 중국을 움직이려고 해도 대한민국 내부의 미세먼지를 줄이는 강력한 대책이 필요하다.

영풍그룹의 공유재 파괴와 지대

최근 대한민국에서 매우 심각한 공유재 파괴 행위가 드러났다. 낙동강 최상류인 경북 봉화군 석포면에 있는 영풍석포제련소 문제이다.

'영풍문고'로 많이 알려진 영풍그룹은 사실 아연을 생산하는 제련소를 통해서 성장한 기업이다. 영풍그룹이 운영하는 대규모 제련소는 낙동강 최상류에 있는 영풍석포제련소와 동해안의 울주군에 있는 고려아연이다. 둘 다 연간 매출액이 1조 원이 넘는 대기업들이다.

문제는 제련소가 카드뮴과 같은 중금속을 배출하는 대표적인 공해기업이라는 것이다. 그리고 낙동강은 1,300만 명의 시민들이 식수로 사용하는 강이다. 이 강의 최상류에 각종 오염물질을 배출하는 제련소가 1970년부터 운영되어 왔다는 것 자체가 문제이다.

영풍석포제련소의 운영 실태가 최근에 지역주민들, 환경·시민단체, 언론의 문제제기를 통해 실체가 드러나고 있다. 2019년 6월 MBC 〈PD 수첩〉의 현지 취재 결과, 영풍석포제련소 부근 하천에서 기준치의 37.8배가 넘는 카드뮴이 검출되었다. 환경부가 2019년 5월에 발표한 조사 결과에서는 지하수에서 기준치의 3만 7천 배에 달하는 카드뮴이 검출되기도 했다.

또한 인근 석포초등학교의 화단에서는 즉시 대책수립이 필요한 기준을 초과하는 카드뮴 수치가 나왔다. 그런데도 이 학교에서는 어린이들이 생활하고 있다.

뿐만 아니라 석포면에서 생산되는 농산물에서도 기준치 이상의 카드뮴이 검출되고 있었다. 그럼에도 불구하고 국립농산물품질관리원과 봉화군은 추가 오염 여부에 대해 조사하기는커녕 표본조사를 한 농산물만 폐기하고 있었다. 카드뮴에 오염된 농산물이 얼마나 많이 유통되었는지도 알 수 없는 상황이다.

이렇게 깨끗한 물과 공기, 흙을 오염시키는 공유재 파괴 행위로 영풍그룹 총수 일족은 막대한 이익을 얻어왔다. 영풍그룹은 재계 순위 26위의 재벌그룹으로 성장했다. 영풍석포제련소를 경영하는 법적 실체인 ㈜영풍의 경우에는 1주의 주가가 60만 원대에 달한다. 주당 액면가 5,000원짜리 주식이 그보다 120배의 평가를 받을 정도로 막대한 이익을 얻어온 것이다. 그러나 영풍그룹이 얻은 이익의 상당액은 제련사업의 과정에서 배출한 중금속 등 오염물질에 대해 책임을 지지 않으면서 얻은 이익이다. 이것은 공유재를 파괴하면서 얻은 지대불로소득으로 볼 수 있다.

심지어 영풍석포제련소는 대기오염물질 측정업체와 짜고 측정수치를 조작하기까지 한 것으로 드러났다. 환경부가 2019년 7월 30일에 발표한 것에 따르면, 2016년부터 2018년까지 3년간 1,868건의 대기측정기록을 조작했다는 것이다.

1,300만 시민들이 식수로 사용하는 낙동강 최상류에서 이런 불법과 중금속 유출이 이뤄지고 있는데도, 관련 부처들과 경상북도, 봉화군은 최근까지도 미온적인 대처에 그치고 있었다. 이는 영풍석포제련소를 비호하는 세력이 존재한다고 볼 수밖에 없는 정황이다. 뒤늦게 환경부와 경상북도는 영풍석포제련소에 조업정지 처분을 내리려고 하지만, 영풍그룹 측은 소송으로 대응하고 있다.

영풍석포제련소의 이런 불법행위가 지금까지 은폐되어온 것 역시 정경유착과 무관하지 않다. 그동안 환경부 장관, 대구지방환경청장 등 환경부 관료 출신들이 영풍그룹 임원과 사외이사로 영입되었다. 영풍그룹의 사외이사의 80% 이상이 관료 출신이다.

지대불로소득을 없애야 '헬조선'에서 벗어나

앞에서 지대불로소득이 무엇인지, 그리고 그것이 얼마나 대한민국의 공동체성을 파괴하고 있는지 살펴봤다.

지대불로소득은 상속도 된다. 그래서 수저론도 나왔다. 지대불로소득을 많이 누리는 층을 '다이아몬드 수저', '금수저'라 부르고, 지대불로소득을 누리지 못하는 층을 '흙수저'라고 표현한 것이다. '헬조선'은 지대불로소득이 없는 집에서 태어난 청년들이 겪는 좌절을 표현한 단어이다.

지대불로소득이 없는 사회를 꿈꾼 사람들이 없었던 것은 아니다. 그러나 대한민국이라는 큰 배의 방향을 돌리기 위해서는 단순한 의지와 열정만으로는 부족하다. 크게 방향을 전환하려면 방향을 잘 잡아야 한다. 그리고 '어떻게'HOW가 중요하다.

만약 '모두가 사람답게 사는 세상'이라는 꿈을 가지고 있다면, 그것을 더 구체화해야 한다. 그것이 '큰 그림'이다. 큰 그림 속에는 불평등은 어떻게 해소하고, 모두에게 기본적인 주거와 소득은 어떻게 보장할 것인지, 기후위기 시대에 화석연료에 의존하지 않는 산업구조는 어떻게 만들 것인지 그려보는 중간 단계의 그림들이 포함된다. 물론 그 그림을 실현하기 위한 전략, 특히 정치전략도 필요하다.

이제 2장에서는 대한민국이라는 배의 방향을 바꾸기 위한 큰 그림에 대해 살펴보고자 한다.

제2장

방향전환의 큰 그림

- 공생·공유·공정 -

'큰 그림' 없는 사회는 기득권 고착 사회

방향전환을 위해 우선 필요한 것은 '큰 그림'에 관한 이야기이다. 지금의 상황은 아이디어로 해결될 상황이 아니다.

그런데 어느 순간부터 큰 그림을 이야기하는 사람이 사라졌다. 지금 대한민국의 정치와 지식인사회에서 "이 사회가 어떤 방향으로 나아가야 하는가?"를 얘기하는 사람은 극히 드물다.

큰 그림이 얘기되지 않는 사회는 기득권자에게 유리하다. 이미 기득권을 가진 사람들은 '지금 이대로'가 제일 좋기 때문이다. 그래서 큰 그림 따위는 얘기되지 않는 것이 기득권자들의 바람이다. 필요하다면 '색깔론'으로 색깔을 입혀서라도 논의를 봉쇄하려 한다.

큰 그림이 필요한 사람들은 지금의 사회에서 자기 삶의 문제가 해결되지 않는다고 느끼는 사람들이다. 지금 이 사회가 뭔가 잘못된 방향으로 가고 있다고 느끼는 사람들이다. 그런데 정작 큰 그림이 필요한 사람들은 이런 논의를 듣거나 논의에 참여할 기회가 없으니 큰 그림 자체를 생각해보기도 어렵다.

이런 사람들의 마음을 읽고 모아서, 사회가 나아가야 할 다른 방향을 제안하는 것이 정치의 역할이다. 유럽에서는 필요할 때면 새로운 정당이 만들어져서 새로운 방향을 제안해왔다. 19세기 후반과 20세기 초반에는 사회민주당, 노동당 같은 정당들이 만들어져서 복지국가를 만들었다. 1980년대에는 유럽 각국에 녹색당이 만들어져서 핵발전과 화석연료에서 벗어나는 새로운 방향을 제안했다.

미국의 경우에는 승자독식의 선거제도 때문에 정당이 역할을 제대로 하지 못하고 있지만, 지난 2016년 대통령선거에서는 '버니 샌더스' 같은 인물이 등장했다. 버니 샌더스는 날로 심각해지는 불평등을 지적하면서, 최저임금을 올리고 전 국민에게 의료보험을 제공하고 부자에게는 더 많은 세금을 걷을 것을 제안했다.

지금은 '알렉산드리아 오카시오-코르테스'라는 젊은 정치인을 비롯한 일련의 세력들이 '그린뉴딜'이라는 큰 그림을 이야기하고 있다. 기후위기에도 대응하면서 불평등도 완화시키자는 큰 그림이다. 2019년 2월 7일 미국 의회에 제출된 그린뉴딜 결의안은 2050년까지 온실가스 배출 순제로net-zero를 만드는 것을 목표로 하고 있다. 이 결의안은 비록 부결되었지만 시사하는 점들이 많다.

2035년까지 100%의 전력을 청정재생에너지로 생산하자는 제안을 담고 있다. 건물의 에너지 효율을 높이기 위해 리모델링을 하며, 온실가스를 줄이면서도 건강한 먹거리를 생산할 수 있는 식량시스템을 구축한다는 내용을 담고 있다. 화석연료 자동차를 대중교통, 전기차로 대체한다는 내용도 있다.[*]

오카시오–코르테스는 그린뉴딜의 재원을 마련하고 미국의 심각한 불평등을 완화하기 위해 소득세 최고세율 70%로 인상, 상속·증여세 강화 등 과감한 증세도 주장하고 있다. 오카시오–코르테스 덕분에 현대화폐이론MMT(정부의 화폐 발행으로 필요한 재원을 조달하자는 주장)도 주목을 받고 있다. 비록 그린뉴딜 결의안이 미국 의회를 통과하지는 못했지만, 이런 담대한 비전이 정치에서 논의된다는 것이 중요하다.

---

[*]　이유진, 「기후위기와 '그린뉴딜'」, 『녹색평론』 2019년 7–8월호, 22쪽 참조.

'큰 그림'이 사라진 대한민국

큰 그림에 관한 논의가 필요하다고 하는 것은, 이 책에서 제안하는 큰 그림이 반드시 옳다는 얘기가 아니다. 이런 그림, 저런 그림이 제안되고 토론이 되어야, 한 사회가 나아가야 할 방향이 잡힐 수 있기 때문이다. 토론 과정에서 특정한 큰 그림을 기본으로 하게 되더라도, 그 헛점이 수정·보완될 수 있고, 아니면 제3의 그림이 새롭게 나올 수도 있다.

그러나 지금 대한민국의 정치에서는 이런 논의 자체가 사라졌다. 지금의 정치는 단기적인 정쟁과 정치공학에 빠져 있다. 정치만이 아니다. 소수의 양심적인 지식인을 제외하면, 대부분의 학자나 전문가라고 하는 사람들도 눈앞의 현안에 대해서만 발언할 뿐이다. 그것도 자기 분야라는 협소한 시야에 갇혀 있는 경우가 대부분이다.

이 나라에서 가장 중요한 선거라고 할 수 있는 대통령선거에서도 큰 그림에 대한 논의가 이뤄지지 않는다. 2017년 5월 대통령선거는 탄핵으로 인해 급하게 치러진 선거이기는 했지만, 큰 그림에 대한 논의가 실종된 선거였다. 집권할 때부터 '큰 그림'이 없다 보니 다람쥐 쳇바퀴 도는 식의 정책이 반복된다.

복지, 경제민주화, 경제성장(녹색성장이든 소득주도성장이든) 같은 단어들은 최근 몇 차례 대선에서 반복적으로 나왔던 얘기들이다. 여당이든 야당이든 그때그때 필요하면 갖다 쓴다.

정권이 바뀔 때마다 내거는 캐치프레이즈도 추상적이기 짝이 없다. 그냥 '좋은 이야기'일 뿐이다. '국민의 정부', '참여정부', '나라다운 나라', '포용국가'…… 모두 좋은 얘기이지만, 불평등이 날로 심해지고 지속가능성도 없는 5천만 인구의 국가가 나아가야 할 방향치고는 너무 두리뭉실하다. 물론 슬로건은 좀 추상적일 수 있다. 그렇다면 그 내용이라도 이 시대의 문제를 해결할 수 있는 뾰족한 것들이어야 한다. 그러나 그렇지 못했다. 당장 먹고살기 힘든 사람들은 늘어나고, 불안은 팽배해져가고, 일자리는 줄어들고, 미세먼지와 생태위기는 심각해지는데, 그에 대한 해답으로서는 부족하기 짝이 없다.

이런 두리뭉실한 비전이 1987년 대선에서 노태우 전 대통령이 내세웠던 '위대한 보통사람의 시대'와 본질적인 차이가 있는지 의문이다. 물론 보통사람도 아닌 노태우 전 대통령이 '보통사람의 시대'라는 슬로건을 내세운 것과 4대강 사업을 벌인 이명박 전 대통령이 '녹색성장'을 내세운 것은 단군 이래 최대의 언어모독이었지만 말이다.

토지사유제를 반대한 정약용

우리 역사에서 큰 그림을 제시한 정치인이 없었던 것은 아니다. 조선시대까지 큰 그림의 핵심은 토지문제였다. 인구의 대부분이 농민이었고 가장 중요한 삶의 기반이 토지였기 때문이다. 그리고 왕토사상("하늘 아래 왕의 땅이 아닌 곳이 없다"는 생각)에 따라 토지는 국가의 소유로 봐야 했지만, 실제로는 귀족·양반·지주들이 사적으로 토지를 지배하고 있는 것이 현실이었다. 이런 현실을 개혁하는 것이 핵심이었기에 개혁사상가들은 토지제도에 대한 개혁안을 고민했다.

개혁사상가들은 유학에서 이상적인 토지제도로 거론되던 정전제井田制에 관심을 가졌다. 정전제는 고대 중국에서 실시되었다고 하는 토지제도로, 일정 규모의 토지를 우물 정井 자로 9등분해서 중앙의 한 구역은 공동경작을 해서 국가에 세금으로 내고, 나머지 8개 구역은 8개 농가에게 골고루 분배해서 농사를 짓게 한다는 생각이다. 이것은 토지를 국가 소유로 한다는 것을 전제로 한 것이다.

고려 말, 조선 초의 정도전은 이런 생각에 동의했다. 그는 "옛날에는 토지가 국가에 속하여 있었고 이것을 백성들에게 나누어주었다. 천하 백성들이 모두 토지를 아니 가진 자가 없었고 경작하지 아니한 자가 없었다"*면서 고대 중국에서 실현되었다고 하는 토지제도로 돌아갈 것을 주장했다. 토지를 국가의 소유로 하고 백성들에게 토지를 나눠주자는 것이었다.

조선 후기의 대표적 실학자인 정약용도 당시에 극심했던 토지불평등을 해소하기 위해 토지제도의 개혁을 주장했다. 정약용이 살던 조선 후기에는 소수의 양반과 지주들이 대부분의 토지를 사실상 지배하면서 토지가 사전화私田化가 되고 있던 것이 현실이었다.

19세기 호남지방의 경우 지주 5%, 자영농 25%, 소작농 70%로 토지가 소수에게 집중되어 있는 상황이었다. 소작농인 농민들은 수확물의 50% 이상을 소작료로 빼앗기고, 국가에도 여러 명목의 세금을 내야 했다. 그러면서 몸으로 동원되는 부역노동까지 감당해야 했다.**

이를 개혁할 방안을 찾는 것이 정약용의 숙제였다. 정약용은 『전론』田論, 『경세유표』經世遺表의 책을 통해 토지개혁방안을 제시한다. 정약용은 여전론과 정전론이라는 두 가지 토지개혁방안을 제안한다. 여전론은 토지국유제를 전제로, "농사짓

---

* 　홍덕기, 『다산 정약용의 토지개혁사상』, 전남대학교출판부, 2018, 92~93쪽.

** 　홍덕기, 앞의 책, 184~193쪽 참조.

는 자만이 토지를 얻고 농사짓지 않는 자는 토지를 얻지 못하게 한다"는 원칙을 바탕으로 한 것이다. 그는 30호를 단위로 하는 여閭를 만들고, 그 여에 대해 토지를 줘서 농민들이 공동경작을 하도록 하자고 제안했다. 그리고 여 내의 총생산물에서 국가에 내는 세금과 대표자(여장)에게 주는 급여를 뺀 나머지를 노동량에 따라 공평하게 분배하자는 것이다. 정약용이 주장한 또 다른 개혁방안은 정전론이다. 국가가 사유지를 매입하거나 기증받아서 농민들에게 재분배를 하는 방안인데, 분배 기준은 농사지을 수 있는 경작 능력이다.

정약용은 토지개혁뿐만 아니라 국가적인 과제 전반에 대해 방대한 저서를 남겼지만, 민주주의 체제가 아니었던 조선에서 정약용의 이런 생각을 정치적으로 실현하기는 어려웠다.

독립 이후 최대 개혁은 농지개혁

일제 강점기를 거치면서 농민들의 삶은 더욱 피폐해진다. 조선인이 아닌 일본인 대지주들까지 생겼는데, 그들은 점점 더 많은 땅을 소유하게 되었다. 1941년에는 일본인 소유의 논이 90만 정보에 달해 조선 전체 논 면적의 54%를 차지할 정도였다. 이런 지주의 땅을 빌려 농사짓는 소작농들은 수확량의 절반 이상, 많게는 60% 이상을 소작료로 바쳐야 했다.[*] 이런 현실을 보면서 임시정부의 독립운동가들은 문란한 토지사유제도를 토지국유제로 돌려놔야 한다고 생각했다.

이런 생각은 1941년 11월 2일 대한민국 임시정부가 공포했던 「대한민국 건국강령」에 잘 나와 있다. 이 문서에서 독립운동가들은 '삼균주의'三均主義를 표방하고 있다. 조소앙이 이론적 기반을 세웠던 삼균주의는 정치·경제·교육의 균등을 의미했다. 보통선거를 통해 정치의 균등을, 토지국유를 통해 경제의 균등을, 무상교육을 통해 교육의 균등을 도모하고, 불평등을 해소한다는 것이다.

특히 주목할 것은 토지를 국유로 하자는 것이다. 지금 들으면 '빨갱이'라고 하겠지만, 이 주장은 김구 선생이 핵심이던 한국독립당의 주장이기도 했다. 식민지 조선에서 살아가며 가혹한 수탈을 당하던 소작농들의 삶을 개선하려면 토지문제에 대한 근본적인 해법이 간절하게 필요했던 것이다.

그래서 1945년 해방 이후 농지개혁은 최대의 과제였다. 토지국유화까지는 아니더라도, 최소한 농지는 농민들에게 재분배해야 했다. 1945년 해방 당시 국민의 대다수는 농민이었지

---

[*] 전종익, 「1948년 헌법 천연자원 및 주요산업 국유화 규정의 형성」, 『서울대학교 법학』 제54권 제2호, 2013, 4쪽 참조.

만, 자신의 토지를 소유한 자작농 비율은 14%에도 미치지 못했다. 남한 전체 농지 중에서 소작지는 63%에 달했다.

이런 현실을 개선하지 못하면, 정치·사회적인 안정을 기대할 수도 없었다. 그래서 미군정도 농지개혁을 지지했다. 문제는 농지개혁을 담당할 농림부 장관을 누가 맡느냐였다. 그런데 1948년 이승만 전 대통령에 의해 초대 농림부 장관에 임명된 사람은 의외의 인물인 조봉암이었다.

조봉암은 과거 공산주의자였기 때문에 상당한 파장이 있었다. 조봉암은 1920년대 일제 치하에서 조선공산당 창당에 참여했고 수차례 투옥을 당했던 핵심적인 공산주의자였다. 그랬던 조봉암은 해방 후에 조선공산당과 결별하고 국회의원 선거에 출마해서 당선이 된다. 그리고 초대 농림부 장관을 맡게 된 것이다.

조봉암은 당시에 검토되고 있던 농지개혁을 신속하게 추진한다. 이미 북한은 '무상몰수, 무상분배'의 토지개혁을 실시하고 있는 상황이었다. 조봉암은 '유상몰수, 유상분배'의 원칙에 따라 농지를 농민들에게 재배분하되, 이를 구체화하는 과정에서 농민들의 이익을 최대한 반영하기 위해 노력한다. 농지를 유상으로 분배받는 농민들이 내야 할 상환액을 연간 수확량의 125% 선으로 정한 것이다(이는 조봉암이 농림부 장관을 그만둔 후에 150%로 수정된다). 당시에 지주들은 200% 이상을 주장하기도 했다.

이 과정에서 조봉암은 반대세력의 공격을 받아 6개월 만에 장관직을 사임하게 된다. 그러나 우여곡절 끝에 1949년 4월 27일 농지개혁법은 국회 본회의를 통과한다. 농사를 짓지 않는 사람이 보유한 농지는 국가가 유상몰수하고, 한 사람이 보유한 총 면적이 3정보(1정보는 9,917.35537m²=3천 평)가 넘는 농지에 대해서도 유상몰수해서 땅 없는 농민에게 유상분배한다는 것이 이 법의 골자였다.

몰수의 대가로 지주들에게는 연평균 수확물의 150%에 해당하는 지가증권地價證券을 발행해줬다. 현금 보상이 아니라 정부가 발행한 증권을 지급하는 방식으로 보상을 한 것이다. 지가증권에 적혀 있는 내용은, 연평균 수확물의 150%에 해당하는 것을 30%씩 5년에 걸쳐 정부가 현금으로 지급해 준다는 것이다(이렇게 지가증권을 발행하는 방식은 매우 큰 시사점을 준다. 뒤에 기본주거 정책의 재원을 확보하는 방안 중 하나로 이런 방식을 제시할 것이다). 그리고 농민들은 농지를 분배받는 대가로 연간 수확량의 150%에 해당하는 농산물을 5년 동안 나눠서 30%씩 상환하게 했다.

연평균 수확물의 150%는 당시 토지의 시세보다 훨씬 낮은 금액이었다. 그래서 '매수'가 아니라 '몰수'였던 것이다. 1948년 제헌헌법에 "농지는 농민에게 분배하며, 그 분배의 방법, 소유

그림1 | 농지개혁 당시 발행된 지가증권

의 한도, 소유권의 내용과 한계는 법률로써 정한다"라고 되어 있었기 때문에, 시세보다 낮은 가격으로 몰수하는 것은 합헌적인 정책이었다.

이렇게 해서 유상몰수, 유상분배한 농지는 58.5만 정보로, 1945년 말 현재 전체 농지 면적 229.6만 정보의 25.5%, 전체 소작지 면적의 40.4%에 달했다.* 농지개혁을 통해 몰수·분배된 농지의 규모가 전체 소작지 면적보다 적은 이유는, 농지개혁을 앞두고 지주들이 사전에 농지를 싸게 팔았기 때문이다. 몰수당하느니 먼저 팔아버린 것이다. 농지개혁을 하지 않았다면 지주들이 땅을 이렇게 싸게 팔 이유는 없었다.

이로써 일제 강점기에 농민의 숙원이던, 아니 정약용의 숙원이었고 수천 년 동안 개혁사상가들의 염원이었던 '경자유전'耕者有田(농사짓는 사람이 농지를 가져야 한다)이 드디어 현실이 되었다.

이렇게 이뤄진 농지개혁에 대한 평가는 다양하지만, 최근에는 성공적으로 평가하는 견해들이 많다. 2013년 한국개발연구원이 펴낸 『한국의 농지개혁』에 따르면, 농지개혁으로 인해 소작율이 매우 낮아졌다. 1945년 50.2%였던 소작농은 농지개혁

---

* 전강수, 「평등지권과 농지개혁 그리고 조봉암」, 『역사비평』 91호, 역사비평사, 2010. 5, 306쪽.

이후인 1951년에는 3.9%로 대폭 감소하였다.

높은 소작료 부담이 사라지면서 농민들의 삶도 안정되었고, 이것은 교육수준의 향상으로 이어졌다. 학교 취학률과 학생 수가 급속히 올라갔다. 1945년을 기준으로 136만 6천 명이었던 초등학생 수는 1955년에는 287만 7천 명으로 두 배 이상 증가하였다. 초등학생뿐만 아니라, 같은 기간 동안 중등학생 수는 8.4배, 대학생 수는 10배 가량 증가했다. 만일 농지개혁이 없었다면 이런 변화는 기대할 수 없었을 것이다.[*]

2차세계대전 이후에 농지개혁에 실패한 국가들이 많은데, 대한민국은 어쨌든 단기간에 몰수와 분배가 진행되었고 이를 통해 기초생계조차 위협받던 다수의 소작농들이 자기 땅을 갖고 농사를 지을 수 있게 되었다.

조봉암의 '큰 그림'과 좌절

후에 조봉암은 '진보당'을 창당하여 이승만에 대항하다가 간첩으로 몰려 1958년 사형을 당하는데, 진보당은 6·25 이후 남한에서 창당한 최초의 진보적인 정당이라고 할 수 있다.

---

[*] 기획재정부 · 한국외국어대학교, 『한국의 농지개혁』, 한국개발연구원, 2013, 79~83쪽.

1956년 창당한 진보당은 스탈린식 사회주의나 북한과는 명확하게 선을 그으면서도 사회민주주의에 가까운 지향점을 갖고 있었다. 그것은 진보당의 강령에도 드러나 있는데, 강령에서 "우리 당은 모든 민중에게 자유와 평등과 사람다운 생활을 보장하여 줄 가장 진보적인 진정한 사회적 복지국가를 건설하는 것을 그 역사적 임무"로 삼는다고 밝히고 있다. 그리고 ㅇ 공산독재는 물론 자본가와 부패분자의 독재도 배격, ㅇ 생산분배의 합리적 계획으로 민족자본의 육성과 농민, 노동자, 모든 문화인 및 봉급생활자의 생활권 확보, ㅇ 민주세력이 결정적 승리를 얻을 수 있는 평화적 방식에 의한 조국통일 실현, ㅇ 교육체계를 혁신하여 점진적으로 국가보장제를 수립한다는 내용을 담고 있다.

당시에 부패한 이승만 정권에 의해 천민자본주의화되고 있는 대한민국의 현실을 바꾸어 나가되, 시장경제의 틀을 인정한 상태에서 민주적 방식에 의한 변화를 추구했던 것이다. 이런 진보당의 비전은 이승만 정권이 진보당을 해산시키고 조봉암을 사형에 처함으로써 좌절되지만, 1950년대 상황에서 대한민국이 나아가야 할 '큰 그림'을 제시했다는 의미가 있다.

국가의 '큰 그림'인 헌법의 파행

앞서 정약용, 조봉암의 사례를 들었지만, 일제 강점기 한국의 독립운동가들도 큰 그림에 대해 치열한 논쟁을 했었다. 논쟁의 핵심 주제는 "독립 이후에 어떤 국가를 만들 것인가"였다고 볼 수 있다.

당시는 국제적으로도 치열한 이념·사상적 논쟁이 있던 시기였다. 한편에는 소련의 스탈린식 사회주의가 있었고, 그런 방식의 사회주의를 거부하면서 민주적 사회주의를 주장하던 흐름도 있었으며, 사회민주주의라는 흐름도 있었다. 또한 자본주의의 기본틀을 유지하되, 국가가 개입해서 문제점을 보완해 나가자는 케인스주의적인 흐름도 있었다. 이런 국제적인 흐름들 속에서 독립운동가들은 독립 이후의 국가는 어떤 국가가 되어야 할지 고민하고 토론했다. 그 결과물 중의 하나가 1941년에 임시정부가 공포한 「대한민국 건국강령」이다. 이 문서에는 토지와 천연자원을 국유로 한다는 내용이 담겨 있다.

그리고 그런 임시정부 당시의 헌법 문서들이 1948년 제헌헌법에도 반영된다. 1948년 제헌헌법에는 "광물 기타 중요한 지하자원, 수산자원, 수력과 경제상 이용할 수 있는 자연력은 국유로 한다"라고 되어 있다. 또한 "중요한 운수, 통신, 금융, 보험, 전기, 수리, 수도, 가스 및 공공성을 가진 기업은 국영 또는 공영으로 한다"라고 했다.

사유화할 수 없는 공유재는 국가가 소유해서 관리하고, 공공성이 있는 기업은 민간에게만 맡길 수 없다는 것이 제헌헌법에 담긴 내용이었다.

또 하나 반드시 기억해야 할 것은, 제헌헌법에서는 "영리를 목적으로 하는 사기업에 있어서는 근로자는 법률의 정하는 바에 의하여 이익의 분배에 균점할 권리가 있다"는 '이익균점권' 조항을 두었다는 것이다. 이것은 사기업에서 일하는 노동자가 임금을 받는 것은 물론이고, 이익이 생기면 이익배당에 참여할 권리까지 보장하려 한 것이다.

그러나 이승만 전 대통령부터 박정희, 전두환으로 이어지는 독재의 흐름 속에서 국가의 '큰 그림'이라고 할 수 있는 헌법은 왜곡되었다. 헌법이 권력 유지를 위해 입맛대로 바뀌는 존재로 전락해 버렸다.

앞서 천연자원을 국가 소유로 한다는 조항은 1954년 헌법 개정을 통해 삭제되었고, 중요 산업을 국영 또는 공영으로 한다는 조항도 삭제됐다. 이익균점권 조항도 1963년 개헌 때 삭제됐다.

독재정권은 자신들의 권력을 유지하기 위해 헌법을 개정하면서 공공성도 후퇴시킨 것이다. 그러면서 노동자들의 노동권을 제약하는 내용은 헌법개정에 포함시킨다. 예를 들어 1963년 박정희 정권 때 이뤄진 5차 개헌에서 "공무원인 근로자는 법률로 인정된 자를 제외하고는 단결권·단체교섭권·단체행동권을 가질 수 없다"는 조항이 생긴다. 공무원의 노동 3권을 근본적으로 제약하는 조항이 생긴 것이다. 이 조항은 문구만 수정되어서 지금까지 남아 있다. 그러나 민주주의 국가에서 공무원의 노동 3권을 예외적으로만 허용한다는 것은 말도 안 되는 것이다.

헌법에서 어떤 '큰 그림'을 그리느냐는 매우 중요한 문제인데, 대한민국의 헌법은 그런 역할을 상실한 지 너무 오래됐다. 1987년 마지막 헌법개정도 그런 큰 그림을 그린 개헌은 아니었다. 대통령 직선제 도입 등 민주화 과정에서 시급한 현안을 푸는 데 집중할 수밖에 없었다.

그러나 헌법은 국가의 큰 그림을 그리는 역할을 해야 한다. 한 가지 사례로, 이탈리아 헌법의 노동 관련 조항을 들 수 있다. 이탈리아 헌법 제36조는 "노동자는 자기 노동의 양과 질에 상응하며 어떤 경우에도 자기와 가족에게 자유롭고 품위 있는 생활이 보장되는 보수를 받을 권리가 있다"고 규정하고 있다. '최저임금'이 아니라 "자유롭고 품위 있는 생활이 보장되는 보수"라고 되어 있는 것이다. 이탈리아 노동자들은 이런 헌법을 읽으면 안심이 되지 않을까? 물론 이탈리아 노동자들이 모두 이런 수준의 보수를 받는 것은 아닐 것이다. 그러나 헌법은 그 나라가 추구하는 방향을 담은 문서이다. 최소한 이탈리아는 노동을 하는 사람에게는 자유롭고 품위 있는 생활을 보장하겠다는 생각을 가진 국가인 것이다.

혼란스러웠던 진보정당의 '큰 그림'

1970~1980년대 민주화운동의 과정에서 '큰 그림'에 관한 논의가 없었던 것은 아니다. 그리고 1987년 민주화 이후에 한국에서도 진보정당이 다시 출현했다. 1988년 총선에서 민중당과 한겨레민주당이 창당해서 총선에 참여했지만, 원내 진출에 실패했고, 그 이후에도 여러 시도들이 실패를 거듭했다. 그러다가 2004년 민주노동당이 원내에 진출하는 데 성공한다. 그러나 민주노동당은 2008년 분당을 하게 되고, 그 이후에도 여러 번의 이합집산을 거친다. 그 이유를 정파 간의 갈등으로 설명할 수도 있지만, 다른 한편으로는 합의된 '큰 그림'이 없었다는 데에서도 찾을 수 있다. 대한민국이라는 국가를 어떤 방향으로 바꿀 것인지에 대한 큰 그림과 관련해서 합의가 없었던 것이다.

'부유세', '무상교육 무상의료' 등 민주노동당이 내세웠던 정책들 중 상당수는 사회민주주의를 지향하는 정책으로 볼 수도 있었지만, 민주노동당 내부에서는 사회민주주의를 지향한다는 합의가 없었다. 사회주의를 지향하자는 입장, 민족을 강조하는 입장 등이 다양하게 존재하여 하나의 큰 그림에 대한 합의가 형성되지 못했다.

지금 보면, 민주노동당에 참여했던 초기 멤버들 중에 더불어민주당에 가 있는 사람들도 많은데, '큰 그림'의 부재가 사람들을 모아내기보다는 흩어지도록 만든 면이 있다.

이렇게 서로 생각하는 '큰 그림'이 다른 경우에 하나의 정당으로 활동하는 것이 어려울 수 있다. 오히려 여러 정당으로 분화하고, 선거 시기에 연합하는 것이 더 적절할 수 있다. 그러나 군사정권 시절에 만들어진 대한민국의 정당법은 이런 가능성도 차단하고 있었다. 한 사람은 두 개 이상의 정당에 가입할 수 없도록 하여, 연합정당을 만들 수 없도록 해놓은 것이다. 그래서 서로 다른 '큰 그림'을 가진 세력들이 하나의 정당 내에서 내부권력을 장악하기 위해 소모적인 갈등을 할 수밖에 없었던 측면이 있다.

지금도 여러 진보적인 정당들이 있고, 2012년에는 녹색당도 창당했다. 이런 정당들의 역할은 사회가 나아가야 할 방향에 대해 자기 나름대로의 '큰 그림'을 제시하고 정치에서 치열한 논쟁을 벌여나가는 것이다.

거대 정당들은 어떤 식으로든 그 사회의 기득권을 대변할 수밖에 없으므로, 소수 정당들은 그런 거대 정당과는 다른 비전을 제안하고 논쟁을 벌이는 역할을 해야 한다. 그런 논쟁의 과정에서 한 사회가 나아가야 할 방향이 잡혀 나가는 것이다.

촛불 이후, 우리 사회의 방향은?

박근혜·최순실 게이트로 촉발된 2016년 가을부터의 촛불집회는 우리 사회의 큰 변화를 요구하는 것이었다. 광장에서는 '박근혜 퇴진'만이 아니라, 수많은 목소리들이 터져 나왔다. 그중 가장 기억에 오래 남는 얘기는 2016년 12월 24일 크리스마스 이브에 경남 창원에서 열린 촛불집회에서 24세 청년이 한 발언이다.

유튜브를 통해 본 영상에서, 그는 스무 살에 취직해 4년째 최저임금을 받고 있는 전기공이라고 스스로를 소개했다. 세금을 떼고 나면 손에 쥐는 월급이 120만 원인데, 방세와 교통비, 식비, 공과금을 내고 나면 저축할 돈이 10만 원도 남지 않는다고 했다. 좋아하는 사람이 있지만, 지금의 월급으로는 결혼을 하고 살 집을 구하고 인생 계획을 한다는 것은 꿈도 꿀 수 없다고 했다.

그는 미래도 보이지 않는다고 했다. 이런 생각을 하면 서럽고 슬픈데 그 끝이 보이지 않는다고 했다. 그는 궁금해서 촛불집회에 나왔다고 말했다. 박근혜 퇴진 이후에 자기 삶이 나아질 수 있는지가 궁금하다고 했다. 지금 이대로 20년, 30년 살라 하면 못 살 것 같은데, 자신만 잘살자고 하는 것이 아니라 다 같이 행복하게 살 수 있는 사회를 만들었으면 좋겠다고 얘기했다.

그 이후에 박근혜 전 대통령은 탄핵됐다. 그러나 그 청년이 말한 '다 같이 행복하게 살 수 있는 사회'는 아직 멀었다. 그런 사회가 되려면 어떤 변화가 필요할까?

공생·공유·공정사회로

이 책에서 제안하고자 하는 우리 사회의 방향은 공생·공유·공정의 사회이다. 사회와 경제는 분리된 것이 아니므로, 이 세 가지는 경제가 지향해야 할 가치이기도 하다.

한 가지 짚을 점은 경제 따로, 사회 따로는 없다는 것이다. 한 사회의 경제가 승자독식이고 지대불로소득이 대량으로 창출되는 경제라면, 그 사회도 승자독식의 사회가 될 수밖에 없다. 그래서 사회의 방향을 바꾼다는 것은 동시에 경제의 방향도 바꾸는 것을 의미한다.

지금 우리 사회가 나아가야 할 방향은 '공생'共生(함께 사는) 사회이다. 앞서 언급한 청년의 소박한 바람이기도 하다. 지금의 사회는 승자독식―각자도생―현세대 중심―인간 중심의 사회이다. 기후위기와 같은 심각한 위기를 풀지 못하면 공멸共滅로 갈 상황이다. 이런 상태에 있는 사회의 방향을 '공생'으로 돌리는 것은 큰 전환을 의미한다.

이때 공생의 의미는 인간과 인간, 인간과 자연이 함께 살자는 의미이다. 소유주―세입자, 대기업―중소기업, 정규직―비정규직도 같이 살아야 하지만, 현재 세대가 미래 세대의 미래를 지워버리는 파괴 행위를 그만해야 한다는 의미도 담고 있다. 현재 세대만이 아니라 미래 세대도 같이 살자는 것이다. 또한 인간이 다른 생명체들을 멸종의 위기로 몰아넣는 것도 그만해야 한다는 의미를 담고 있다.

공생은 말로 실현될 수 있는 것이 아니다. '공유'共有가 바탕이 될 때에 공생도 가능하다. 여기에서 말하는 공유는 최근 얘기되는 공유경제 수준의 얘기를 하는 것이 아니다. 앞서 언급한 지대불로소득을 없애고, '본래 모두의 것은 모두의 것으로', '공동의 것은 공동의 것으로' 하자는 의미이다.

공유의 대상은 자연 재산뿐만 아니라 사회 공동의 노력으로 만들어진 인위적인 공유재도 포함한다. 토지, 천연자원, 물, 공기는 물론이고, 사회가 만들어낸 인프라도 어느 누가 독점할 수 있는 것이 아니다. 인터넷, 금융시스템, 방송 주파수 등도 사회 공동의 노력으로 만들어낸 것이므로 공유재라고 할 수 있다. 구글, 페이스북도 이런 공유재 덕분에 돈을 버는 것이다. 따라서 이런 공유재로부터 나오는 이익이 있다면 그 이익도 고르게 나눠야 한다.

사실 어느 정도 기본이 갖춰진 사회라면 공생과 공유만으로도 충분할 수 있다. 그러나 대한민국은 지대불로소득이 판치고, 기본적인 신뢰가 상실된 사회이다. 성실하게 일하는 사람은 '바보'가 되는 사회이고, 갑-을 관계가 판치는 사회이다. 그래서 '공정'이라는 가치가 필요하다.

'공정'公正은 공평하고 올바르다는 의미이다. 남의 것을 부당하게 빼앗거나 공동의 것을 부당하게 탈취하거나 독식해서는 안 된다는 것이다. 사회공동체가 유지되기 위해 필요한 '신뢰'를 훼손해서는 안 된다는 것이다.

우리가 채용 비리를 보면서 공정하지 못하다고 느끼는 것은 정당하게 노력한 사람의 기회를 빼앗기 때문이다. 정치인과 공무원이 개발 정보를 빼내서 개인적 이익을 취하는 것이 나쁘다고 생각하는 이유는, 최소한의 신뢰를 깨뜨리기 때문이다. 모두의 공동자원인 세금을 낭비해서 소수가 이익을 보는 것도 불공정한 일이다. 공정은 신뢰가 극도로 무너진 사회의 공동체성을 다시 회복하기 위해 필요한 최소한의 기반이다.

이런 공생·공유·공정사회는 모두가 고르게, 인간답게 사는 길이다. 21세기판 삼균주의라고 볼 수도 있다. 독립운동 시기에 조소앙 등이 주장했던 삼균주의는 정치·경제·교육의 균등이 독립국가의 핵심이라고 보았다. 그런 문제의식을 21세기 대한민국의 현실에 맞게 재구성한 것이다.

전환의 절박성과 현실성

이런 공생·공유·공정사회로의 전환은 먼 미래의 일이 아니라 당장 해야 할 절박한 일이다.

날로 심각해져가는 불평등, 그리고 사람들의 삶을 지배하는 불안과 각박함 때문에도 절박하지만, 인류 최대의 위기인 기후위기를 해결하기 위해서도 지금 당장 포괄적인 전환을 추진해야 한다.

시간이 별로 없다. 이미 지구의 이산화탄소 농도가 410ppm을 넘어서고 있다. 매년 2ppm 이상씩 올라가고 있다. 마지노선이라고 하는 450ppm에 도달하기까지 남은 시간은 불과 20년도 되지 않는다.

2018년 10월 인천 송도에서 열렸던 유엔 '기후변화에 관한 정부 간 협의체'IPCC 제48차 총회에서는 「지구온난화 1.5도 특별보고서」가 채택됐다. 이 보고서는 산업화 이전보다 지구의 기온상승을 1.5도 이내로 억제하기 위해 만들어졌다. 지금 산업화 이전보다 지구의 평균기온이 1도 정도 높아졌는데도 가뭄, 홍수, 슈퍼태풍, 산불 등이 심각한 상황이다. 과학자들은 지구의 평균기온이 2도, 3도 이상 높아지면 걷잡을 수 없는 대재앙이 닥칠 것이라고 경고한다. 그래서 최대한 노력해서 지구의 평균기온 상승을 1.5도 이내로 억제하자는 데 합의가 이뤄진 것이다. 이 보고서에 따르면, 2030년까지 2010년 대비 45%의 이산화탄소 배출을 감축해야 하며, 2050년까지는 이산화탄소 배출과 흡수가 서로 완전히 상쇄되는 '배출제로'net-zero를 달성해야 한다.

말이 쉽지 2030년까지 45%를 감축하려면, 정말 모든 것을 신속하게 바꿔야 한다. '빠르고 광범위한 전환'이 필요한 것이다. 앞으로 얘기할 과제들은 10년 후, 20년 후가 아니라 지금 당장 논의하고 추진해야 할 과제들이다.

그리고 이것은 불가능하지 않다. 인류는 그동안 위기상황에서 비상한 능력을 발휘한 경우가 많았다. 대표적인 것이 전쟁시기이다. 전쟁시기에 필요한 전쟁물자를 생산하는 데 모든 가용자원을 쏟아부어서 실제로 생산을 해낸 경험들이 있다. 빠른 속도로 무기를 개량하고 대량생산을 하고, 가능한 모든 사람들을 전쟁에 동원했던 경험이 있다.

이제는 파괴가 아니라, 생존을 위해 그렇게 해야 할 때이다. 독재적인 방식이 아닌 민주적인 합의를 통해서 그렇게 해야 할 때이다.

시급한 열 가지 경로과제 : 3기 7탈

공생·공유·공정의 사회로 전환하기 위해 시급하게 필요한 것은 일종의 경로과제이다. 공생·공유·공정의 방향으로 사회가 나아가려면 이런 경로를 거쳐야 한다. 그것은 세 가지의 기본을 모든 사람에게 보장하고 일곱 가지의 잘못된 흐름에서 벗어나는 것이다.

세 가지 기본은 기본소득(시민배당), 기본주거, 기본농지·농사·먹거리를 말한다. 일종의 의식주라고 할 수 있다. 기본주거는 의식주의 '주'에 해당하고, 기본농지·농사·먹거리는 '식'에 해당한다. 그리고 '의'는 옷을 의미하지만, 현대사회에서는 다양한 생활필수품을 살 수 있는 소득을 의미하는 것으로 확장해서 볼 수 있다. 결국 세 가지 기본을 보장한다는 것은, 사회공동체가 구성원들에게 최소한의 의식주를 보장하자는 것이다. 그리고 그것을 보장받는 것은 모든 사회구성원들의 권리이기도 하다.

우선, '기본소득'은 모든 시민들에게 지급되는 배당이다. 지금 청년배당, 농민수당 등이 지방자치단체 차원에서 추진되고 있지만, 이제는 국가 차원에서 기본소득이 지급될 때가 되었다. 지급방식과 재원마련 방안 등에 대해서는 3장에서 설명하기로 한다.

'기본주거'는 모든 사람들에게 최소한의 주거를 보장하는 것이다. 굳이 소유하지 않아도 된다. 안심하고 거주할 수 있으면 된다. 굳이 신도시를 개발하거나 새로운 아파트를 대량으로 짓지 않아도 된다. 기존의 집(특히 다주택 소유자의 집)을 매입하거나 늘어나는 빈집을 활용하는 방안이 있다. 재원은 뒤에서 설명하겠지만, 국민연금기금을 활용하거나 평등주거채권을 발행하는 방법이 있다. 또한 기본주거의 보장은 뒤에서 설명할 탈집중화와 함께 추진되어야 한다. 비수도권의 중소도시와 농촌에서 살고자 하는 사람에게는 최우선적으로 기본주거를 보장해야 한다.

'기본농지·농사·먹거리'는 웬 얘기냐고 생각할 수 있다. 그러나 기후위기시대에 기본농지·농사·먹거리는 가장 중요한 기본권이다. 우선 제2의 농지개혁을 해서, 농사를 짓고자 하는 농민들에게 농지를 싸게 배분하거나 임대해야 한다. 농민이 아니라고 하더라도 텃밭 등을 통해 농사를 짓고자 하는 사람들에게 농사지을 권리를 보장해야 한다. 학생들에게도 농사를 접할 권리를 보장해야 한다. 기후위기가 낳을 식량위기에 대한 대응능력을 갖추기 위해서 반드시 필요한 일이다. 그리고 건강하고 안전한 먹거리를 먹을 권리를 모두에게 보장해야 한다. 과도한 육식을 강요하는 구조를 바꿔야 한다. 비료·농약·화석연료 사용을 최소화한 제철 식재료로 만든 먹거리를 먹는 것은 인간도 살리고 환경도 살리는 길이다.

'일곱 가지' 벗어나야 한다는 것은, 탈성장, 탈지대, 탈화석연료·탈핵(에너지전환), 탈토건, 탈집중, 탈경쟁교육, 탈차별·혐오이다.

첫째, 탈성장이다. 경제성장률을 국가 목표로 삼는 어리석음에서 벗어나야 한다. 경제성장이 더 이상 국가의 목표가 되어서는 안 된다. 당장 생존이 위협받고 있는데 국내총생산의 증가로 표시되는 경제성장률이 무슨 의미가 있다는 말인가? 지금 중요한 것은 경제성장률이 아니라 21세기판 의식주라고 할 수

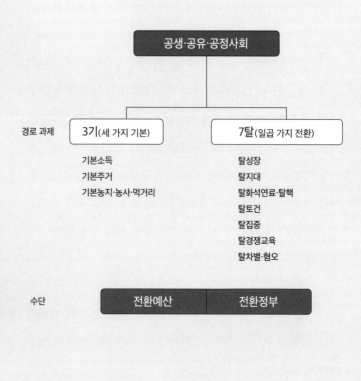

그림 2 | '공생·공유·공정사회'로 가는 길

있는 기본소득, 기본주거, 기본농지·농사·먹거리를 보장하는 것이다. 기후위기 시대에 대비하여 먹거리 자급률, 에너지 자급률을 높이고, 심각한 불평등을 줄이는 것이다. 그것이 국가의 목표가 되어야 한다.

둘째, 지대추구사회에서 벗어나 탈지대 사회를 만들어야 한다. 우리 사회 곳곳의 지대불로소득을 없애기 위해서는 각종 지대불로소득에 대한 조사와 토론도 필요하고, 입법과 예산, 각종 정부수립 계획을 개혁하는 것도 필요하다. 대기업−중소기업 관계에서 대기업이 부당하게 가져가는 지대도 줄여야 한다.

셋째, 화석연료와 핵발전에서 벗어나는 탈화석연료·탈핵을 이뤄나가야 한다. 석탄과 석유에서 벗어나야 하고, 최종적으로는 천연가스에도 의존해서는 안 된다. 이를 위해서는 전력 생산을 100% 재생가능에너지로 전환하는 한편, 화석연료에 의존하는 고탄소 산업구조의 재편도 필요하다. 교통, 농업·먹거리, 폐기물 등을 모두 바꾸는 대전환을 해야 한다. 또한, 화석연료도 문제이지만 대한민국의 부실한 핵발전소들도 문제이다. 한 군데라도 사고가 나면, 전환을 위한 노력도 수포로 돌아간다. 국내외 사례를 보면, 석탄화력발전과 핵발전은 동시에 늘어나기도 하고 동시에 줄기도 한다. 당연히 동시에 줄이는 방향으로 가야 한다.

넷째, 세금을 토건사업에 낭비하는 것을 중단해야 한다. 탈토건을 강력하게 추진해야 한다. 무분별한 토건사업은 세금도 낭비하고 환경도 파괴하고 불평등도 심화시키는 어리석은 일이다. 중앙정부와 지방자치단체가 쓸 수 있는 돈은 앞서 언급한 세 가지 기본을 보장하고 탈화석연료 등의 전환을 이뤄가는 데 사용해야 한다.

다섯째, 서울 집중, 도시 집중에서 벗어나는 탈집중을 해나가야 한다. 식량, 에너지 등의 문제를 생각하면, 더 이상 서울과 대도시로 집중하는 것은 위기 상황에서 대처를 불가능하게 만든다. 또한 지금처럼 서울 집중, 대도시 집중이 되는 상황에서는 주거문제, 교육문제 등을 풀기도 어렵다. 사람들의 삶의 질을 높이기 위해서도 분산해야 한다. 서울에서 비수도권으로, 도시에서 농촌으로 분산해야 한다.

여섯째, 경쟁교육에서 벗어나 자립교육으로 전환하는 탈경쟁교육을 해야 한다. 과도한 경쟁으로 어린이와 청소년들이 소진되고 있고, 다른 한편으로는 최소한의 학습능력도 갖추지 못한 채 학교에서 벗어나는 어린이와 청소년들을 낳고 있다. 그러면서 앞으로 살아가는 데 정말 필요한 것들을 배울 기회는 박탈하고 있다. 물론 자립교육으로 가려면 그 전제조건으로 앞서 언급한 기본소득, 기본주거가 보장되고 전환의 과정에서 다양한 삶의 기회들이 만들어져야 한다. 교육문제는 교육만의 문제가 아니라 전체 사회의 문제이기 때문이다.

일곱째, 우리 사회 곳곳에 존재하는 차별과 혐오를 없애는 탈차별·혐오를 이뤄나가야 한다. 성평등이 실현되고 성폭력·성차별이 사라지며, 소수자에 대한 차별·혐오가 사라지게 만드는 것이 모두가 인간답게 사는 길이다. 모든 형태의 차별이 철폐되기 위해서는 포괄적인 차별금지법이 제정되어야 한다. 이미 헌법재판소에서 위헌 판결을 받은 낙태죄는 사라져야 한다. 동성결혼 법제화도 필요하다.

'3기 7탈'을 위한 수단 : 전환예산, 전환정부

앞서 언급한 세 가지 기본(3기)과 일곱 가지 전환(7탈)의 경로 과제들은 실현불가능한 것들이 아니다. 좀 더 구체적인 방안들은 3장과 4장에서 얘기할 것이다.

'3기 7탈'의 실현을 위해서는 예산의 전면적인 개혁이 필요하다. 토건사업에 낭비되는 예산, 만성적으로 낭비되는 예산은 모두 획기적으로 없애야 한다. 예산낭비를 없애야 증세도 쉬워진다. 내가 내는 세금이 제대로 쓰인다는 신뢰가 없는 상태에서

관성적으로 증세를 주장하는 것은 무책임한 일이다.

예산의 전면적인 개혁을 위해서는 모든 예산을 원점에서 검토해야 한다. 토건예산은 목표를 세워 줄여나가야 한다. 규모가 큰 낭비성 예산들에 대해서는 시민들이 참여하는 '숙의민주주의'熟議民主主義(여기서 숙의는 깊이 생각하여 충분히 논의한다는 의미이다) 방식을 통해서 재검토해야 한다. 예산개혁은 중앙정부, 지방자치단체 모든 차원에서 시민들의 대대적인 감시와 참여 속에 이뤄져야 한다.

기본소득, 기본주거가 도입되면 시민들에게는 참여할 동기가 생긴다. 예산개혁을 해서 확실하게 기본소득과 기본주거를 보장받는 것이야말로 시민들에게 이득이 되는 일이기 때문이다. 그리고 이때 예산에는 일반회계, 특별회계만이 아니라 각종 기금, 공기업, 공공기관의 예산도 포함되어야 하며, 국민연금의 운용도 감시와 개혁의 대상이 되어야 한다.

이렇게 해서 없애거나 줄일 예산은 없애거나 줄이고 필요한 예산은 확보하면, '우리 삶에 도움이 되는' 대안예산을 만들 수 있다.

국가가 많은 세금을 들여서 유지하고 있는 정부조직도 전면적인 개혁을 해야 한다. 시민들의 입장이 아니라 이해관계집단의 입장이나 자기 부처 이기주의에 빠져서 정책을 수립하고 실행하는 정부조직들이 적지 않다.

국민의 입장에서 이들을 감시하고 통제해야 할 국회는 무능하고 타락해서 그런 역할을 하지 못한다. 장관들도 무능하고 수시로 바뀌기 때문에 사실상 정부조직들은 관료들에 의해 장악된 지 오래이다.

이렇게 감시에서 벗어난 관료들은 이해관계집단과 유착되기 쉽다. 그래서 사회공동체의 이익이 아니라 관련 업계의 이익에 따라 정부 정책이 좌우되는 일이 비일비재하다. 행정부 공무원들이 사실상 법률도 만들고 있고 예산도 좌지우지하는 것이 현실이다. 과거에는 이런 식의 정부조직을 어떻게 개편하고 개혁해야 할지에 대한 큰 틀의 논의라도 있었지만, 최근 들어서는 그런 논의 자체가 줄어들고 있다.

우리 세금으로 유지되는 정부조직이 국민을 위해서가 아니라 소수의 기득권자들, 이해관계자들, 공무원들 본인을 위해 일하는데, 어떻게 시민들의 삶이 편안할 수 있겠는가? 어떻게 미래까지 내다보는 정책이 가능하겠는가? 시민들을 위해 제대로 일할 수 있는 정부조직을 만들어야 한다.

이렇게 전환예산, 전환정부조직을 만드는 것은 3기 7탈을 현실로 만드는 핵심적인 수단이다.

그리고 전환예산, 전환정부조직을 만들어 3기 7탈의 경로 과제를 실현하려고 할 때에 가장 걸림돌이 되는 것은 바로 정치이다. 정치가 역할을 해야 이런 것이 가능한데, 오히려 정치가 변화를 가로막고 있는 것이 현실이다.

정치를 바꾸려면 선거제도 개혁이 반드시 필요하다. 그리고 1987년 이후 한 줄도 손보지 못하고 있는 헌법을 개정하는 것도 필요하다. 또한 분단국가의 특성상 한반도 평화가 정착되어야 전환도 제대로 추진할 수 있다.

앞으로 이어질 3장과 4장에서는 3기 7탈의 구체적인 내용을 설명하고, 5장에서는 전환예산, 전환정부조직을 만들 방안에 대해서 설명하려고 한다. 그리고 6장에서는 전환의 전제조건이라고 할 수 있는 선거제도 개혁, 헌법개정과 한반도 평화정착의 방안에 대해 얘기하고자 한다.

제3장

세 가지
기본을 보장하자

- 3기 -

***
***
***

    2장의 뒷부분에서 언급한 것처럼 공생·공유·공정의 '3공'이 실현되기 위해서는 세 가지 기본이 보장되고, 일곱 가지 잘못된 흐름에서 벗어나는 전환이 필요하다. 우선 3장에서는 세 가지 기본에 대해 설명한다.

❶
자율선택 기본소득

한국의 불평등은 점점 더 심해지고 있다. 그에 따라 노동을 해도 가난에서 벗어나지 못하는 '워킹푸어'와 일자리를 찾지 못하는 '실업', 그리고 한번 빠지면 헤어날 수 없는 '빈곤의 늪'은 점점 더 고착되고 있다.

연령대별로 봤을 때에, 사회로 진입하는 청년들은 22%가 넘는 체감실업률에 시달린다. 노동시장에서 밀려난 노인들은 50%에 근접하는 노인빈곤율에 시달린다. 줄어드는 일자리 속에 경쟁이 심해지면서, 청소년들은 극심한 학업스트레스, 진로 스트레스에 시달리고 있다. 그러나 자동화, 정보화, 그리고 기존 산업의 구조조정으로 인해 일자리가 줄어드는 것은 피할 수 없는 추세가 되고 있다.

미래가 아니라 지금 당장 기본소득

여기에 대한 대안은 기본소득이다. 그런데 먼 미래의 기본소득이 아니라 당장 손에 잡히는 기본소득이 필요하다. 하루가 급하기 때문이다. 그래서 나는 당장 실현할 수 있는 기본소득 정책으로 '자율선택 기본소득'을 제안하고자 한다.

기본소득의 정신에 최대한 충실하면서도 당장 실현가능한 방안으로 제안하는 것이다. 모든 사람들에게 혜택이 골고루 돌아갈 수 있는 방안이기도 하다. 지금 일부 지방자치단체에서 실시하는 청년배당, 농민수당은 돈을 받는 주체가 청년과 농민으로 제한되어 있는데, 그것도 뛰어넘고 액수도 의미 있는 수준으로 높이자는 것이다.

구체적인 제안에 들어가기 전에 먼저 기본소득에 대해 간략하게 설명할 필요가 있겠다.

기본소득은 모두에게 조건 없이 정기적으로 지급되는 돈이다. 나는 기본소득을 시민배당이라고 보는 입장이다. 본래 사회 공동체 구성원 모두의 것인 공유재에 대해서는 모든 시민들이 일정한 지분을 가지고 있다고 볼 수 있기 때문에, 그 자격으로 받는 배당금이라는 것이다. 이런 내 입장은 2015년에 낸 책 『나는 국가로부터 배당받을 권리가 있다』(한티재)에서 상세하게 밝히기도 했다.

당시에는 이런 입장이 생소하게 느껴질 수 있었지만, 이후에 경기도 성남시가 청년배당을 지급하기 시작했고 지금은 경기도로 확산되었다. '청년배당'이라는 이름을 쓴 것은 앞서 설명한 것처럼 '시민배당'으로서의 성격을 강조한 것이다.

이런 시민배당으로서의 기본소득을 실제로 지급해온 곳이 지구상에 있다. 미국의 알래스카 주에서는 석유에서 나오는 수입으로 1982년부터 매년 '영구기금배당'Permanent Fund Dividend이라는 이름으로 모든 주민들에게 배당금을 지급해오고 있다. 2019년에도 알래스카 주민들은 각자 1,600달러의 배당금을 받게 된다. 이 배당금은 알래스카에 거주하면 누구나 받는 돈이다.

알래스카는 석유를 통해 배당금의 재원을 마련하지만, 석유가 아니더라도 재원은 충분히 마련할 수 있다. 당장 경기도가 지급하는 청년배당만 하더라도 재원은 '세금'에서 마련한다. 중앙정부와 지방정부가 걷어서 사용하는 세금이야말로 대표적인 공유자원이라고 할 수 있다. 이 세금 중 일부를 배당금으로 지급하는 것은 충분히 가능하다.

사실 지금 많은 세금이 소수를 위해서 사용되고 있다. 다수에게 이익이 골고루 돌아가는 것이 아니라, 소수의 기업이나 기득권자들만 혜택을 보는 경우들이 많다. 직접 돈을 지원하는 것뿐만 아니라 당연히 내야 할 세금을 감면해주는 방법도 사용된다. 감면해주는 세금만큼 국가는 손해를 보게 되므로, 이렇게 깎아주는 세금을 '조세지출'이라고 부르기도 한다.

이렇게 소수를 위해서 공유자원인 세금이 낭비되는 것은 잘못이다. 그것을 막고 모두에게 배당금을 나눠주는 것이 더 나은 일이다. 그 배당금이 시민들을 불안으로부터 해방시켜줄 수 있다. 이것은 사회가 만들어주는 '비빌 언덕'이다.

월 150만 원부터 월 10만 원까지 선택 가능

이제는 막연하게 기본소득이 필요하다는 얘기를 할 때가 아니라 구체적으로 제도를 설계하고 도입해야 할 때이다. 그리고 그 방안으로, 만 18~64세 사이의 시민들이 자신이 받을 기본소득의 형태를 선택할 수 있는 '자율선택 기본소득'을 제안한다. 자기 삶의 계획에 맞춰서 기본소득을 받을 수 있도록 하자는 것이다. 이렇게 하면 기본소득 정책을 시행하는 데 들어가는 재원의 규모가 그렇게 커지지 않으면서도 정책의 효과는 극대화할 수 있다.

만 18세가 되지 않은 사람에 대해서는 아동수당과 청소년

수당 지급을 확대해 나가고, 만 65세가 넘은 사람에게 지급되는 기초연금도 대상을 확대해 나간다(현재 기초연금 지급 대상자는 70%에 못 미치는데 100%로 늘리자는 것이다). 그리고 만 18~64세는 '자율선택 기본소득'을 받도록 하는 것이다.

'자율선택 기본소득'의 유형은 훨씬 더 다양할 수 있지만, 여기에서는 일단 세 가지 유형만 제안한다. 세 가지 유형 모두 한 개인이 받는 금액을 모두 합치면 5,400만 원이다. 실제로 제도를 도입할 때에는 물가상승률 같은 것도 고려해야 하지만, 일단 그런 부분은 빼고 생각하자. 그것이야말로 기술자인 관료들과 전문가들에게 계산을 맡기면 될 문제이다. 주권자는 주권자답게 판단과 선택을 하면 된다.

유형 1은 3년 동안 최저임금의 70% 이상에 해당하는 돈을 받는 것이다. 가령 월 150만 원을 3년 동안 받는 것이다. 그러면 이 돈을 활용해서 공부를 할 수도 있고, 쉴 수도 있고, 귀농·귀촌처럼 삶의 방향을 전환하는 선택을 할 수도 있다.

유형 2는 9년 동안 유형 1에 해당하는 금액의 3분의 1 정도를 받는 것이다. 가령 월 50만 원을 9년 동안 받는 것이다. 이 돈을 활용해서 삶의 질을 높일 수 있는 선택들을 할 수 있다. 더 나은 주거에서 생활한다든지, 더 나은 음식을 먹는다든지 하는 선택을 할 수 있다.

유형 3은 적은 금액을 긴 기간 동안 받는 것이다. 월 10만 원을 45년 동안 받는다든지 하는 것이다. 이 돈을 활용해서 생활에 보탤 수도 있지만, 문화생활을 한다든지 의미 있는 곳에 기부한다든지 하는 선택도 할 수 있을 것이다.

43조 원 정도면 시행 가능

이 정도의 정책을 시행하는 데 들어가는 돈은 충분히 조달할 수 있는 규모이다. 만 18~64세 인구(2020년 기준으로 36,041,376명, 통계청 장래인구추계)가 모두 월 10만 원씩을 받는다고 가정할 경우에 연간 43조 2,496억 원 정도의 재원이 필요하다.

물론 앞서 언급한 것처럼, 어떤 사람은 3년 동안 큰 금액을 받을 수도 있고, 어떤 사람은 나눠서 받을 수도 있으므로 일정한 조정은 필요할 것이다. 시행 초기에 모두가 유형 1을 선택하면 어떻게 하느냐는 우려가 있을 수 있지만, 유형 1, 2의 경우 초기에 그 수를 어느 정도로 제한하면 된다. 그럴 경우에는 일정한 기준에 의해 우선순위를 정하면 될 것이다.

또한 어떤 해는 50조 원, 어떤 해는 40조 원 정도로 발생하는 지출 규모의 차이는 얼마든지 조정할 수 있으므로 큰 문제가 되지 않는다. 한시적 국채 발행 등을 통해서 조정하면 될 문제이다.

제도가 도입될 때 만 18세인 경우는 온전히 이 제도의 혜택을 받으면 되는데, 이미 만 19세를 넘어선 경우에는 어떻게 할 것이냐의 문제도 있을 수 있다. 그럴 경우에는 만 65세가 되기 이전까지 남은 기간에 해당하는 금액을 지급하는 것으로 해서 제도를 시행하는 방법도 있다. 가령 현재 만 40세라면, 만 64세까지 남은 기간(25년)으로 계산해서 2,872만 원(이자율을 고려하지 않은 것이며 5,400만 원×25/47로 계산)에 해당하는 돈을 자신의 선택에 따라 배당받으면 되는 것이다. 제도 도입 당시에 만 64세인 경우라면 어차피 1년밖에 이 제도의 적용을 받지 못하므로 총 혜택받을 수 있는 금액의 1년치에 해당하는 돈(120만 원)을 받는다든지 하는 방식을 택할 수 있다.

그렇다면 연간 43조 원 정도의 재원을 조달할 방법이 있는지만 검토하면 될 것이다. 연간 43조 원이면 대한민국의 명목 국내총생산GDP 1,730조 원(2017년 기준)의 2.48% 정도이다. 이 정도에 해당하는 재원은 충분히 마련할 수 있다. 한편으로는 예산낭비를 줄이면 되고, 다른 한편으로는 탈세를 없애고 약간의 증세만 하면 된다.

재원은 충분히 마련할 수 있다

물론 지금 제안하는 방식보다 더 나은 기본소득(시민배당) 제도도 얼마든지 좋다. 중요한 것은 지금 당장 도입하자는 것, 그리고 모두가 혜택을 받을 수 있도록 하자는 취지이다. 그래야 제도의 도입가능성도 높아지기 때문이다. 더 현실성 있는 기본소득 도입 방안이 있다면 얼마든지 토론해도 좋다.

지금 제안하는 방안은, 2016년 총선 당시에 녹색당이 제안했던 노인(만 65세 이상), 청소년·청년(만 15~29세), 장애인, 농어민에게 우선적으로 월 30만 원 또는 월 40만 원을 지급하자는 정책보다 재원 규모는 줄이고 지급 대상은 확대한 것이다. 이런 수정을 제안하는 이유는 재원 규모를 줄여 당장 시행할 수 있는 가능성을 높이고, 지급 대상을 확대해서 기본소득의 정신에 보다 부합하는 제도를 만들어보자는 것이다.

물론 앞서도 언급한 것처럼 만 18세까지의 사람에게는 아동수당이나 청소년수당이 지급되어야 한다. 현재 만 7세까지 월 10만 원이 지급되기 시작한 아동수당을 확대해나가면 될 일이다. 또한 만 65세 이상 노인 중 재산·소득 기준에 따라 기초연금을 받고 있는 대상자가 현재 70%에 못 미치는데 그 지급 대상을 확대하고 금액도 늘려야 할 것이다. 장애인연금은 별도로 지급 대상과 금액을 늘리고, 농민들에게는 농사의 공익적 가치를 인정하여 농민수당이 지급되어야 한다. 그럴 경우에는 앞서 언급한 것보다 필요한 재원은 늘어나게 된다.

그러나 재원마련은 불가능하지 않다. 이에 대해서는 먼저 국민부담률에 대해 알 필요가 있다. 국민부담률이란 세금(국세, 지방세)과 사회보장기여금(국민연금 보험료, 건강보험료, 고용보험료 등)이 국내총생산에서 차지하는 비중을 말한다. 이 국민부담률을 놓고 보면, 대한민국에서 기본소득을 지급하기 위한 재원마련은 충분히 가능하다.

대표적인 복지국가인 덴마크의 연도별 국민부담률 변화를 보면, 내 주장이 가능하다는 것을 알 수 있다. 지금은 전 세계에서 가장 높은 국민부담률을 보여주는 덴마크이지만, 처음부터 그랬던 것은 아니다. 덴마크의 국민부담률은 1965년에는 29.1%였다. 지금의 대한민국과 큰 차이가 없는 수준이었다.

그런데 덴마크는 1966년 29.7%, 1967년 30.2%, 1968년 32.9%, 1969년 32.5%, 1970년 36.9%로 국민부담률을 올려 1971년에는 39.4%까지 올렸다. 5년 만에 무려 10% 가까이 국민부담률이 늘어난 것이다. 지금도 덴마크의 국민부담률은 46.0%(2017년 기준)에 달한다. OECD 국가 평균인 34.2%보다 한참 높은 수준이다.

그렇다면 대한민국의 국민부담률은 어느 정도 수준일까?

26.9%(2017년 기준) 수준이다. 몇 년 전보다는 올랐다. 1999년까지는 20%에도 못 미쳤다. 그러나 아직까지 올릴 수 있는 여력은 충분하다.

문제는 세금을 쓰는 정부에 대한 신뢰가 없다는 것이다. 그렇기 때문에 세금에 대한 저항감이 심하다. 이 부분은 뒤에서 설명할 전환예산, 전환정부조직을 통해 해결할 일이다.

어쨌든 '자율선택 기본소득'을 도입하고, 아동·청소년이나 노인, 장애인, 농어민에게 지급될 수당에 필요한 재원을 마련하는 것은 충분히 가능하다는 것만 확인하고 넘어가면 된다.

마지막으로, 제도의 안정성에 대한 우려가 있을 수 있다. 지금은 이 제도를 시행하지만, 앞으로 시행되지 않으면 어떻게 하느냐는 것이다. 그 부분은 6장에서 설명할 정치개혁을 통해 해결할 문제이다. 정책의 연속성이 보장될 수 있도록 선거제도를 개혁하고 헌법을 손봐야 한다. 아예 헌법개정을 할 때에 '시민배당을 받을 권리'를 헌법에 명시하는 방법도 있다.

❷
기본주거

지금 주거문제는 너무나 심각하다. 소득 대비 주택 가격 비율이라는 것이 있다. 영어로는 PIR Price to Income Ratio이라고 하는데, 쉽게 말해서 버는 돈을 모아서 주택을 사는 데 얼마나 오랜 시간이 걸리느냐는 것이다. 가령 PIR이 10이면, 버는 돈을 한 푼도 안 쓰고 10년을 모아야 주택을 살 수 있다는 것이다.

서울의 경우 PIR이 7.9(평균기준, 국토교통부 2018년 주택실태조사)에 달한다. 7.9년 동안 한 푼도 쓰지 않고 모아야 수도권에 집을 살 수 있다는 것이다. 유엔 인간정주위원회HABITAT가 권장하는 적정 PIR은 3.0~5.0 수준이다.* 이런 상황이다 보니, 청년들의 경우에는 아예 자가(자기소유 주택)를 마련할 계획이 없다는 비

---

* 「2020 서울주택종합보고서」, 2011.

율이 62.8%에 달한다.

임대료 수준도 심각하다. 소득 대비 임대료 비율RIR, Rent to Income Ratio은 전국 21.8%, 수도권은 24.7%(평균기준)에 달한다. 100만 원을 벌면 21만 8천 원(수도권 24만 7천 원)을 임대료로 낸다는 것이다. 그런데 이것은 평균이고, 실제로는 더 심각한 처지에 있는 사람들이 많다. 노인 가구의 경우 RIR 비율이 29.5%(평균기준)에 달했다.

한국은 그나마 전세 문화가 있어서, 전세금을 낼 수 있는 형편이면 임대료 압박이 좀 덜했다. 그러나 이제는 월세로 전환되는 경우가 많다. 전세에서 월세로 전환하는 것도 저소득층 임차인에게서 더 심하게 나타난다. 저소득층 임차인의 월세 비율은 2006년 59.4%에서 2016년 73.2%로 급속하게 늘어났다.

주거환경도 문제이다. 2016년 기준으로 103만 가구(전체 가구의 5.4%)가 최저 주거기준에 미달하는 집에서 살고 있고, 지하·반지하·옥탑 등 열악한 주거환경에 거주하는 가구도 3.1%에 달했다.*

---

* 2017년 정부 발표 '주거복지 로드맵' 참조.

지금 세입자는 조선시대 소작농 처지

지금 세입자는 조선시대와 일제 강점기로 치면 '소작농'과 비슷한 처지이다. 자신이 일해서 벌어들이는 소득의 5분의 1, 4분의 1을 주거 비용으로 내야 하는 것이 현실이기 때문이다. 상가세입자도 마찬가지이다. 비용을 제외한 순수익의 몇십 퍼센트를 월세로 내야 하는 현실이다. 주택임대차보호법, 상가임대차보호법이 있지만, 계약기간이 끝나면 비워줘야 하는 처지이기도 하다.

의식주에서 '주'는 가장 기본인 것이다. 사회공동체라면, 그 구성원들 모두에게 최소한의 인간적인 주거생활을 보장해야 한다. 대한민국의 '주거기본법'에도 그렇게 명시되어 있다. 주거기본법 제2조에서는 "국민은 관계 법령과 조례로 정하는 바에 따라 물리적·사회적 위험으로부터 벗어나 쾌적하고 안정적인 주거환경에서 인간다운 주거생활을 할 권리를 갖는다"라고 규정하고 있다. 그리고 이러한 권리를 보장하기 위해 '주거기본법'은 국가와 지방자치단체에게 "소득 수준, 생애주기 등에 따른 주택공급 및 주거비 지원을 통하여 국민의 주거비가 부담 가능한 수준으로 유지되도록 할 것"을 요구하고 있다. 그러나 실제로 이런 '주거기본법'의 조항들은 휴지조각에 불과한 것이 현실이다.

농지개혁 방식을 응용해야

지금 근본적인 문제는 주택이 거주의 공간이 아니라 돈벌이의 수단으로 인식되는 데 있다. 지금 수많은 무주택자들에게 필요한 것은 소유할 수 있는 주택이 아니라 안심하고 거주할 수 있는 주택이다. 그런데 정부는 계속 아파트를 중심으로 새로운 주택의 수를 늘리는 데에 정책의 초점을 맞춰왔다. 만약 주택공급률이 100%가 안 된다면 주택의 수를 늘리는 것이 필요할 수도 있지만, 주택공급률이 100%를 넘어선 지는 오래되었다. 대한민국 전체의 주택보급률은 2017년 기준으로 103.3%에 달했다. 가구수는 1,976만 4천 가구인데, 주택 수는 2,031만 3천 개에 이르렀다. 서울의 주택보급률도 2010년 94.4%에서 2016년에는 96.3%까지 높아진 상황이다.

그렇다면 지금 필요한 것은 주택이 필요한 사람들에게 주택이 적절하게 배분되는 것이다. 농지개혁을 했듯이 주택개혁을 해야 하는 상황이라고 볼 수 있다.

농지개혁을 할 때에 어떻게 했는가? 농지를 많이 가지고 있는 사람들의 농지를 유상몰수해서 농지가 필요한 농민들에게 유상분배를 했다. 그때에는 농지가 가장 중요했다면 지금은 주택도 그만큼 중요하다고 할 수 있다.

그래서 다음 세 가지 정책을 제안한다. 세 가지 정책이 동시에 실행되는 것이 지대불로소득도 없애고 모든 사람들에게 기본주거를 보장하는 길이 될 것이다.

3주택 이상 소유 금지해야

첫째, 다주택 소유에 대해 규제하고, 3주택 이상의 주택소유를 금지해야 한다. 다주택 소유를 규제하지 않고 다른 정책만으로 주택문제를 해결하기는 어렵다. 뿌리 깊은 문제를 풀려면 종합적인 정책이 필요하다.

구체적으로는 3주택 이상 소유하는 것을 금지하고, 이미 3주택 이상을 소유하고 있는 경우에 대해서는 일정 기간(예를 들어 3년) 내에 처분하도록 명령하고 그러지 않을 경우에 국가 매수를 해야 한다. 매수의 방식은 농지개혁 때 했던 것처럼 일정 기간(10년 이상) 동안 국가가 분할상환을 하는 증권(가칭 평등주거증권)을 발행하면 될 것이다. 이렇게 유상몰수를 하는 데 100조 원 정도를 투입하는 것은 가능하다. 100조 원을 투입해도, 10년 분할상환을 한다면 1년에 필요한 예산은 10조 원 정도이다.

매수의 가격은 시장가격, 주택공시가격(보유세 산정 때 사용, 실거래가의 80% 수준) 중에서 낮은 가격으로 정하는 것으로 해야 한다. 그래야 다주택자들이 정해진 매각 기간 내에 매각을 할 것이다. 불필요하게 과다한 주택을 소유하고 있는 것에 대한 규제는 개인뿐만 아니라 법인에 대해서도 적용해야 할 것이다.

이렇게 매수한 주택은 공공임대주택으로 제공하면 된다. 이런 정책이 필요한 이유는 최근 다주택자가 폭증했고(3주택자 2012년 대비 2017년 39.2% 증가), 주택 소유 상위 1%가 소유한 주택이 2007년 평균 3.2채에서 2017년 6.7채로 폭증했기 때문이다. 이는 정부가 이런 식의 다주택 소유와 주택 투기를 부추기는 정책을 편 탓이다. 그러나 주택의 기반이 되는 토지는 본래 모두의 것이고, 주택은 거주의 공간이어야지 투기의 대상이 되어서는 안 된다. 이런 기본적인 철학조차 잊어버린 채 엉터리 같은 정책을 펴온 것이 사회공동체를 망가뜨린 것이다.

지금이라도 주택정책의 방향을 바로 세워야 한다. 그것은 3주택 이상 소유를 금지하고, 기존의 3주택 이상 소유자들이 주택을 매각하도록 유도하는 것이다.

부동산보유세 대폭 강화

둘째, 부동산보유세를 대폭 강화해야 한다. 이것은 꼭 주택에만 해당되는 정책이 아니라 전체 토지에 적용되는 정책이다. 불필요하게 많은 부동산을 보유하지 못하도록 보유에 대한 세금을 강화하는 것은 오래전부터 논의되어온 대안이다. 미국의 헨리 조지가 주장했었고, 대한민국에서도 토지정의운동을 벌여온 분들의 핵심적인 주장이다.

이와 관련해서는 오랫동안 부동산보유세 강화를 주장해온 전강수 교수의 제안이 있다. 그는 『부동산 공화국 경제사』(여문책, 2019)에서 현행 종합부동산세를 대체하는 국토보유세를 도입할 것을 제안하고 있다. 그가 제안하는 국토보유세는 종합부동산세보다 단순한 방식이다. 지금의 종합부동산세는 너무 복잡하다. 전강수 교수가 제안하는 국토보유세는 전국에 소유하는 토지를 용도 구분 없이 사람별로 합산해 과세하는 것이어서 간단하다. 전강수 교수는 국토보유세 도입을 통해 더 걷을 수 있는 조세수입 증가분을 15조 5,000억 원(2018년 기준)으로 추산하고 있다. 이런 방안을 채택하면 된다.

국민연금기금을 100조 원 활용하자

셋째, 국민연금기금을 활용해서 주택을 매입하여 저렴한 임대료로 공급하는 것이다. 특히 변화하는 추세에 맞춰 1인가구가 살기에 적합한 공공임대주택을 확대해야 한다.

문재인 정부도 임대주택 공급을 확대하는 방향으로 정책을 추진하겠다고는 한다. 2018~2022년까지 청년임대주택 27만 실을 공급하고, 대학생 6만 명에게 기숙사(5만 명)와 기숙사형 청년주택(1만 명)을 제공한다는 것이 정부의 목표이다. 그러나 이대로 추진될지 의문이며, 이 정도 규모로 충분할지도 의문이다.

더 과감한 정책을 펴려면 재원마련 대책이 필요한데, 적립금이 685조 원에 달하는 국민연금기금을 활용하는 방안도 있다. 국민연금기금 적립액이 2057년에 고갈될 것이라는 우려가 있지만, 2041년까지는 1,778조 원으로 늘어날 예정이므로, 앞으로 20년 이상은 충분히 활용할 수 있다.

이것은 더불어민주당이 2016년 총선 때에 제안했던 공약이기도 하다. 당시에 더불어민주당은 매년 10조 원씩 국민연금을 공공임대주택 및 보육시설 확충 등 공공부문 투자에 사용하겠다는 공약을 발표했다. 이를 통해 장기임대주택 재고를 5.2%에서 13.0%까지 올리겠다는 계획이었다. 구체적으로는 국민연금기금이 정부가 발행하는 국채(가칭 국민안심채권)를 사들이고, 정부는 국채를 판 돈으로 공공임대주택을 늘리겠다는 것이었다. 이렇게 하더라도 임대주택에서 나오는 임대료로 국민연금기금에 갚을 이자는 충분히 나오고, 원금 상환은 해나가면 될 일이다. 이 공약은 더불어민주당의 2016년 총선 공약 중에 가장 괜찮은 공약이었다. 그러나 그야말로 공약空約이 되어버렸다. 아직도 이 공약은 실행되지 못하고 있다.

국민연금기금의 막대한 적립금을 위험자산인 주식 등에 투자하는 것보다는 안정적인 국채를 매입하는 것이 더 낫다. 그리고 20년 정도 국민연금기금을 활용해서 임대주택을 늘릴 수 있다면, 무주택자들의 임대료 부담도 낮추고 주거 안정을 꾀할 수 있다. 이 정책을 과감하게 추진해야 한다.

주택 가격 안정 + 공공임대주택을 선진국 수준으로

위와 같은 세 가지 정책을 채택하면, 주택 가격도 하향 안정화시킬 수 있고, 공공임대주택 공급도 획기적으로 늘릴 수 있다. 그렇게 해서 기본주거권을 보장하는 것이다.

다시 한번 정리하면, 이와 같은 정책은 곧바로 주택 가격을 안정화시키는 효과가 있다. 3년의 유예기간을 주고 그 이후부터는 국가가 주택을 매수하겠다고 하면, 3주택 이상 소유자들은 유예기간 중에 주택을 팔려고 할 것이다. 그렇게 되면 주택 가격은 하향 안정될 수밖에 없다. 높아진 보유세도 다주택 소유를 포기하게 만들어 주택 가격을 안정시킬 것이다.

그리고 정부는 유예기간 중에 다주택 소유자들이 매각하는 주택을 국민연금기금을 활용해서 매입하면 된다. 그리고 이 주택들을 공공임대주택으로 공급하면 된다. 일단 100조 원 정도의 규모로 국민연금기금을 활용하면 된다. 세계 경제가 불확실한 상황에서 국민연금기금으로 주식과 같은 위험자산에 투자하는 것보다는 이 방식이 낫다.

지금 설명한 것이 3년의 유예기간 동안에 펼칠 정책이라면, 3년이 지난 후에는 정책이 달라진다. 이때부터는 정부가 3주택 이상 소유자들로부터 주택을 강제매수할 수 있게 된다. 앞에서 언급한 것처럼 재원은 다주택 소유자들에게 평등주거증권을 발행해주면 된다. 이 방식으로도 100조 원 정도 규모의 주택을 매입할 수 있고, 주택매입자금은 10년간 분할상환하면 된다.

다주택자들 중에서 임대주택사업자로 등록한 사람에 대해서는 매각기간을 조금 더 장기적으로 보장해줄 수 있을 것이다. 정부 정책에 대한 신뢰를 고려해야 하기 때문이다. 그러나 시간이 걸리더라도 정책이 다주택 소유를 규제하는 방향으로 간다는 것을 분명하게 하면, 임대주택사업자들도 점진적으로 주택을 매각하게 될 것이다.

이렇게 해서 공공임대주택 재고량을 선진국 수준으로 높여야 한다. 프랑스의 경우 공공임대주택 비중이 19%, 네덜란드의 경우 35%에 달하는데, 대한민국은 6.7%에 불과한 것이 현실이다(2017년 기준).

개헌 때 토지공개념 강화해야

그리고 이런 정책을 뒷받침하기 위해 헌법을 개정할 때에 토지공개념 조항을 강화해야 한다. 2018년 3월 21일 문재인 대통령이 발의한 개헌안에서는 "국가는 토지의 공공성과 합리적 사용을 위하여 필요한 경우에만 법률로써 특별한 제한을 하거나 의무를 부과할 수 있다"라는 내용이 포함되어 있었다. 그러나 좀 더 의미를 명확하게 할 필요가 있다. 국회 헌법개정특별위원회 자문위원회의 경제·재정분과가 제출한 안이 좀 더 명확하다. 그 안에서는 "① 국가는 국민 모두의 생산 및 생활의 기반이 되는 국토의 효율적이고 균형 있는 이용·개발·보전을 도모하고 토지 투기로 인한 경제왜곡과 불평등을 방지하기 위하여 법률이 정하는 바에 의하여 필요한 제한과 의무를 과한다. ② 국가는 공공주택 공급 등 주택개발정책을 통하여 모든 국민이 쾌적한 주거생활을 할 수 있도록 노력하여야 한다. ③ 국가는 주거 및 영업활동의 안정을 도모하기 위하여 법률이 정하는 바에 의하여 공정한 임대차가 이루어지도록 노력하여야 한다"라고 제안하고 있다.

❸
기본농지·농사·먹거리

이 부분은 의식주의 '식'에 해당하는 이야기이다. 지금은 먹는 것이 넘치지 않느냐고 생각할 수도 있지만, 먹거리위기는 언제든지 일어날 수 있다. 세 가지 기본 중에 어쩌면 가장 시급하게 추진해야 하는 과제가 바로 이것일지도 모른다.

한 가지 예를 들어보자. 1994년 6월 14일에서 16일까지 3일간 '먹을거리 사재기' 열풍이 한국 사회를 휩쓸었다. 서울 강남의 한 백화점에서는 하루 30상자씩 팔리던 라면이 이틀 동안 200상자가 팔렸다. 그 사흘 동안 전국적으로 5,400만 개의 라면이 팔렸다. 바로 북한 핵문제로 전쟁 분위기가 조성되었을 때 나타났던 현상이다.

높아지는 먹거리위기의 가능성

역사가 증명해주고, 사람들이 잠재의식 속에서 알고 있는 사실은 "위기상황에서는 먹는 것부터 챙기는 것이 중요하다"는 것이다. 그런데 먹을 것이 부족해지거나 국제곡물가격이 상승하는 먹거리위기의 가능성은 점점 더 높아지고 있다. 전쟁이 아니라 바로 기후변화 때문이다.

날로 심각해지는 기후위기는 농업에 치명적인 영향을 미칠 수밖에 없다. 가뭄과 홍수, 슈퍼태풍과 산불과 폭염은 점점 심각해지고, 이것은 농산물 수확량에 타격을 줄 것이다.

그런데 대한민국은 식량자급률이 48.9%, 가축이 먹는 사료까지 포함해서 계산한 곡물자급률은 23.4%대에 머무르는 실정이다(2017년 기준). 게다가 삼면이 바다이고, 바다를 통하지 않으면 먹거리를 외부에서 들여올 수 없다. 만약 기후위기가 더 심각해지고 먹거리공급에 차질이 생기면, 대한민국은 어떤 상황에 놓이게 될지 가늠이 어려울 정도이다.

먹거리는 외부에서 수입하면 되지 않느냐고 안일하게 생각할 일이 아니다. 그런 생각이 대재앙을 낳을 수 있다. 자기 나라 국민들이 먹을 것이 부족해지면, 다른 나라로 수출할 식량이 어디에 있겠는가? 2010년 러시아에서 극심한 가뭄과 산불로 밀 생산이 감소하자, 러시아 정부가 밀 수출을 금지시켰던 것을 잊어버리면 안 된다. 기후위기로 농업생산에 차질이 생기면, 식량 수출 국가들은 자국민부터 먹여 살리는 결정을 할 수밖에 없다.

그런데도 대한민국에서는 이런 상황에 대한 경각심이 없다. 특히 정치에서 농업·농촌은 순위가 한참 뒤로 밀려 있는 주제이다. 이런 대한민국의 상황을 보면, 그린란드 바이킹 얘기가 떠오른다. 지금으로부터 천 년 전 그린란드에 정착해서 살던 바이킹족은 한때 번성했지만 유럽이 소빙하기를 맞으면서 추워지는 기후에 적응하지 못해 사라졌다. 같은 그린란드에 살던 이누이트족은 살아 남았지만 바이킹족이 사라진 이유는 단지 기후 때문만은 아니었다. 그린란드 바이킹족의 지배층이 다가오는 위기에 대비하지 않고 허송세월을 했기 때문이다. 조천호 전 국립기상과학원장이 쓴 『파란하늘, 빨간지구』(동아시아, 2019)에 나오는 이 얘기는 지금 대한민국의 모습을 보여주는 듯하다.

진짜 안보는 먹거리 자급률 높이기

앞으로 대한민국의 안보는 군대만으로는 지킬 수 없게 될 것이다. 먹거리위기에 미리 대비하고 농사를 살리는 것이 시민들의 생존을 지키는 가장 기본이다. 그리고 먹거리위기로부터 시민들을 지키기 위해서는 먹거리주권Food Sovereignty이 보장

되어야 한다. 외국에서 수입해서 먹거리 문제를 해결하려는 것
이 아니라 먹거리 자급률을 높이는 것이 필요하다는 얘기이다.

그러기 위해서는 농사지을 사람이 있어야 하고, 농지가 있
어야 하며, 온실가스를 되도록 적게 배출하면서 생산한 안전한
먹거리를 유통하고 소비할 수 있는 체계가 갖춰져야 한다. 그래
서 기본농지·농사·먹거리를 얘기하는 것이다.

이를 위해서는 네 가지 방향의 정책이 필요하다.

제2의 농지개혁을!

첫째, 농사를 지으려는 사람에게 농지가 제공되어야 한다.
지금 농사를 짓지 않는 부재지주들이 소유하고 있는 농지의 비
율이 너무 높다. 2015년 기준 경지면적 167만 9천 헥타르 중
농업인 소유의 농지는 56.2%(94만 4천 헥타르), 비농업인 소유는
43.8%(73만 5천 헥타르)로 나타났다(2015년 농림어업총조사). 그러나
실제로는 비농업인의 농지 소유는 60%가 넘을 것으로 농업계
는 보고 있다. 이처럼 농사를 짓지 않는 사람들이 농지를 대거
소유하게 되면서, 헌법에서 정한 '경자유전'의 원칙은 유명무실
해진 지 오래이다.

이렇게 된 데에는 이 사회의 기득권층이 농지를 투기의 대

상으로 삼아온 탓도 있다. 기득권층들이 농사를 지을 것처럼 허위서류를 꾸며서 농지를 불법으로 취득한 사례가 많은 것이다. 최근 『한겨레』 등의 보도에 따르면 국회의원 3분의 1(99명)이 농지를 소유하고 있으며, 그중 절반 이상은 상속 같은 이유 때문에 농지를 소유하고 있는 것이 아니라, 적극적으로 농지를 매입한 것으로 드러났다. 그러나 국회의원들이 실제로 농사를 짓고 있을 리 없다.

농지를 다른 용도로 전용하는 농지전용도 늘고 있다. 매년 서울 면적 3분의 1 규모(2만 헥타르)의 농지가 사라지고 있는 현실이다.

그래서 더 이상 시간을 끌 수가 없다. 1949~1950년에 했던 농지개혁처럼 제2의 농지개혁을 해야 한다. 농민이 아닌 사람이 소유하고 있는 농지는 일정기간 내에 처분하도록 해야 한다. 지금도 처분명령 제도가 있지만, 예외 사유가 광범위하고 실제로 법집행이 잘 되지 않아서 실효성이 약하다. 처분명령 제도를 강화해서 비농민 소유의 토지는 원칙적으로 처분하게 해야 한다.

만약 처분하지 않는 경우에는 두 가지를 생각할 수 있다. 하나는 과거 농지개혁 때처럼 국가가 장기상환증권(가칭 먹거리주권 증권)을 발행하고 유상몰수·유상분배하는 방법이다. 다른 하나는 처분하지 않는 농지를 의무적으로 농지은행에 맡기게 하되 임대료는 없게 하는 방법이다. 무상위탁·무상임대 방식이라고 할 수 있다.

후자의 경우에 임대료가 없는 이유는 헌법상 경자유전의 원칙에 반해서 농지를 소유하고 있는 것이기 때문이다. 소유권을 빼앗는 것도 아니고 농지은행이 농지를 관리해주는 것이기 때문에 농지 소유자에게 임대료를 줄 이유는 없다. 이렇게 농지은행이 확보한 농지를 무상으로 농민들에게 빌려줄 때에는 최소 5년 이상 장기로 빌려줘야 한다. 그리고 그 기간 동안에는 소유자가 처분할 수 없게 해야 한다. 농지를 분배할 때에는 친환경적으로 농사를 짓는 농민에게 우선권을 줄 수 있을 것이다.

물론 지금도 농지은행 제도가 있기는 하다. 그러나 실효성이 약하다. 정부 자료에 따르면 2005년부터 2017년까지 농지은행은 110,840헥타르(224,705건)의 농지를 수탁받아, 196,421농가에 110,697헥타르를 임대(농가당 0.6헥타르)한 것으로 되어 있다. 농지은행의 임대는 5년 이상 장기 임대여서 좋기는 하다. 그러나 전체 비농민 소유 농지의 일부만 농지은행을 통해 임대되는 것인 데다, 임차하는 농민이 임차료를 내는 방식이다(임차료 수준은 당사자 간 협의로 결정). 이런 방식이 아니라, 비농민이 소유하고 있으면서 처분하지 않는 농지는 무상위탁·무상임대 방식으로 농민들에게 제공되어야 한다.

그리고 농지를 다른 용도로 전용하는 것은 엄격하게 금지해야 한다.

월 40만~50만 원의 농민수당

둘째 농민들에게 소득을 보장해야 한다. 그 방법으로는 농산물을 일정 가격으로 매입할 것을 보장하는 기초농산물 수매제가 있을 수 있고, 농사의 공익적 기능을 인정해서 농민들에게 수당을 지급하는 농민수당제도가 있을 수 있다. 현재로서는 두 가지 모두 도입을 추진할 필요가 있다. 농민수당을 이미 도입하고 있는 지방자치단체의 경우에는 국가가 지급하는 농민수당에 덧붙여서 지방자치단체가 지급하는 농민수당(현재는 연 60만 원 수준)도 받을 수 있을 것이다. 농민수당의 재원은, 기존의 농업예산을 조정해서 만들 수도 있고, 5장에서 설명하는 재원 마련 방법을 통해서도 마련할 수 있다. 실제로 농사짓는 농민들에게 월 40만~50만 원의 농민수당을 지급하는 것은 충분히 가능하다.*

---

* 2018년 12월 1일 기준으로 전체 농가는 102만 1천 가구까지 줄었고, 농가 인구는 231만 5천 명으로 줄었다.

농민들이 겪는 어려움은 농민들이 스스로 만든 것이 아니라 농산물개방정책으로 농산물 가격이 하락했기 때문이다. 국가 정책 때문에 피해를 본 셈인데, 이를 정책으로 해결하는 것은 당연하다. 또한 기후위기 시대에 농업은 반드시 지켜야 한다. 농업은 여러 산업 중의 하나가 아니라 모든 사람들의 생존 기반이기 때문이다. 따라서 농민들의 소득을 보장하기 위한 적극적인 정책을 펴야 한다.

모두에게 농사접근권과 건강한 먹거리를!

셋째, 도시에 사는 사람들을 포함해서 모두에게 농사접근권을 보장해야 한다. 기후위기 시대에, 농사를 짓고 싶은 사람이 농사를 짓는 것은 생존권의 문제이다. 그러기 위해서는 누구나 농사짓는 방법을 배울 수 있는 기회가 보장되어야 한다. 학교교육, 평생교육, 각종 커뮤니티 활동에서 농사를 접할 기회가 모두에게 보장되어야 한다. 기후위기가 낳을 먹거리위기에 대응 능력을 갖추기 위해서 반드시 필요하다.

다른 한편으로, 작은 규모라 하더라도 놀고 있는 땅을 농지로 활용하는 것이 필요하다. 도시의 유휴지를 최대한 활용해서 텃밭, 도시농업을 활성화시켜야 한다. 여의도 국회 안에 있는 잔디 마당부터 텃밭으로 만들어서 시민들에게 제공해야 한다.

농촌에 있는 농민들만 농사를 지어서는 먹거리 문제를 해결하는 것이 쉽지 않은 상황이다. 도시에 살면서 텃밭 등으로 농사를 짓고자 하는 사람들에게도 텃밭이 제공되고 농사를 지을 수 있게 지원하는 시스템이 마련되어야 한다.

넷째, 건강하고 안전한 먹거리를 먹을 권리를 모두에게 보장해야 한다. 학교, 사회복지시설, 군대, 교도소 등의 공공급식에서부터 건강하고 안전한 농산물을 사용해야 한다. 종자주권을 지키고, GMO에 대한 규제를 강화하는 것이 필요하다.

그리고 농민들이나 텃밭농사를 짓는 사람들이 농산물을 팔 수 있는 다양한 통로가 마련되어야 한다. 도시마다 농민장터가 열리고, 가까운 거리에서 농사짓는 농민들과 텃밭농사를 짓는 사람들이 농산물을 팔 수 있게 해야 한다. 기후위기를 생각하면 푸드마일리지(식품이 생산될 때부터 최종적으로 소비자에게 도달할 때까지의 이동 거리)를 줄여야 하는데, 가까운 지역에서 나는 안전한 농산물이 유통될 수 있도록 국가와 지방자치단체들이 모두 나서야 한다.

또한 과도한 육식을 강요하는 구조를 바꿔야 한다. 모두가 채식을 해야 한다는 얘기가 아니다. 채식을 하고 싶은 사람은 채식을 할 수 있는 선택권이라도 우선 보장하자는 것이다. 학교, 교소도, 군대, 공공기관, 사회복지시설 등 공공급식에서부터 채식선택권을 보장해야 한다. 그리고 현재 대부분의 고기를 공급하는 공장식 축산을 줄여나가야 한다. 온실가스 배출량의 많은 부분이 축산에서 나오고 있는 것이 현실이다.

대한민국의 대장암 발병률이 세계 최고 수준으로 증가한 것 (2018년 세계 2위)도 과도한 육식의 영향이 있다. 가공육류는 세계보건기구WHO에 의해 1군 발암물질로 지정되었는데, 학교급식에서 여전히 사용되고 있다. 비료, 농약, 화석연료를 최소화한 제철 식재료로 만든 먹거리를 먹는 것은 인간도 살리고 환경도 살리는 길이다.

제4장

일곱 가지
잘못된 흐름에서 벗어나자

- 7탈 -

***
***
***

4장에서는 공생·공유·공정의 가치가 실현되는 사회를 위해 지금 당장 벗어나야 할 일곱 가지에 대해 설명하고자 한다. 분량의 제한 때문에 탈화석연료·탈핵을 제외하고는 비교적 간략하게 설명한다.

❶
탈성장
국가의 목표에서 경제성장률을 지워야

여기에서 말하는 '탈성장'은 '탈 경제성장주의'를 의미한다. 한마디로 경제성장을 맹목적으로 추구하는 '경제성장주의'에서 벗어나자는 것이다. 탈성장은 뒤에서 설명하는 나머지 과제들의 출발점이자 철학적 기반이 된다. 뒤의 모든 이야기들은 탈성장을 전제로 한 것이기 때문이다.

그렇다면 경제성장주의란 무엇인가? 국가라는 정치공동체가 시민들의 행복을 목표로 삼는 것이 아니라, 국내총생산의 증가를 목표로 삼는 것이다. 경제성장은 결국 국내총생산의 증가를 의미하는 것이기 때문이다. 가령 경제성장률을 몇 퍼센트 올리겠다든지, 1인당 국민소득(1인당 GDP)을 얼마까지 올리겠다든지 하는 식으로 국가 목표를 설정하는 것이 경제성장주의에 빠진 모습이다.

대표적인 것이 이명박 정부가 내세웠던 747(연평균 7% 성장, 1인당 국민소득 4만 달러, 세계 7대 강국) 같은 공약이었다. 이명박 정부는 경제성장률을 올린다는 구실로 4대강 사업과 같은 토건사업을 벌여서 예산을 낭비하고 환경을 파괴했다.

그러나 이명박 정부만 그렇게 한 것이 아니다. 87년 민주화 이후에 들어선 역대 정부는 경제성장을 명분으로 비정규직을 양산하고, 사유화·민영화를 추진하고, 온갖 개발정책을 펴왔던 것이 현실이다. 그것을 위해 인권도 희생하고, 시민들의 삶의 질도 희생하고, 환경도 파괴해왔다. 이런 어리석음에서 이제는 벗어나야 한다.

가령 심각한 유해물질을 내뿜는 거대공장이 있다고 하자. 이 공장을 계속 가동하면 경제성장률이 올라간다. 국가의 목표가 경제성장률 증대로 되어 있으면 이 공장을 폐쇄할 수 없다. 실제로 대한민국에서 이런 일이 벌어지고 있다.

아픈 사람들이 늘어나서 병원이 잘돼도 경제성장률은 올라간다. 병을 예방하기보다는 병이 난 다음에 치료하는 것이 경제성장률을 올리기에는 좋은 것이다. 이런 예는 무수히 많다. 이런 예들이 보여주는 것은, 경제성장률이라는 것은 인간의 행복과 무관하다는 것이다. 따라서 국내총생산의 증가는 더 이상 국가의 목표, 정치의 목표가 될 수 없다. 기업은 매출액의 증대를

목표로 할 수 있지만, 국가라는 정치공동체가 그런 것을 목표로
한다는 것은 잘못된 것이다.

만약 새해를 맞아 가족들이 모여서 올해에는 우리 집 일 년
소득을 몇 퍼센트 올릴지를 얘기하고 있다면 그게 말이 되는
가? 대부분의 가정에서는 올해도 건강하고 행복하게 살기를 바
란다는 이야기를 나눌 것이다. 그런데 국가라는 정치공동체가
내년도 매출액을 얼마로 올릴지를 얘기하고 있으니, 얼마나 한
심한 일인가?

그리고 경제성장률에 집착하면 지금과 같은 심각한 기후위
기를 해결할 수 없다. 지금도 경제관료들과 기업들이 기후위기
에 대해 소극적인 태도를 보이면서 내세우는 근거는 "온실가스
배출을 과감하게 줄이면 경제성장에 방해가 된다"는 것이다.
그러나 경제성장보다 중요한 것은 생존이고 안전이다.

이제는 경제성장주의에서 벗어나야 한다. 방법은 간단하다.
국가의 목표에서 경제성장률을 지워버리면 된다. 국가의 목표
는 앞서 언급한 세 가지 기본(기본소득, 기본주거, 기본농지·농사·먹거
리)을 보장하고, 시민들의 생명과 안전을 지키며, 삶의 질을 높
이는 것이어야 한다. 기후위기를 해결해서 지속가능한 미래를
만드는 것이 국가 목표가 되어야 한다. 경제성장률이 아니라,
생존에 필요한 먹거리 자급률, 에너지 자급률을 어떻게 높일지,

심각한 불평등을 어떻게 줄일지를 고민해야 한다.

탈성장이 중요한 이유는, 지금 국가의 모든 정책이 경제성장률을 높이는 데에 초점이 맞춰져 있기 때문이다. 이런 상황에서는 어떤 좋은 정책이라도 경제성장에 방해가 된다고 하면 채택되기 어렵다. 물론 탈성장이라는 주장이 낯설 수 있다. 기존의 정치에서는 탈성장을 얘기하는 세력 자체가 없었다.

그러나 이제는 경제성장주의에서 벗어나야 한다는 것을 과감하게 얘기해야 한다. 그래야만 진정한 변화의 길이 열린다. 변화를 이루어낼 구체적인 정책 대안들은 많이 있다. 문제는 경제성장주의를 추구하는 이상, 그런 대안들은 모두 뒤로 밀린다는 것이다.

❷
탈지대
규제개혁위원회 대신 지대철폐위원회를

'탈지대'는 앞에서 충분히 설명했다. 경제성장을 명분으로 실제로는 기득권층의 지대불로소득을 부풀려왔던 것이 대한민국의 현실이다. 이런 상황에서는 기본소득, 기본주거, 기본농지·농사·먹거리라는 세 가지 기본이 확보될 수가 없다.

지대추구사회에서 벗어나 탈지대 사회를 만들어야 한다. "내가, 또는 내가 속한 집단이 그동안 지대를 누려왔던 것이 아닌가?"라는 성찰도 필요하다. 그러나 무엇보다 중요한 것은 제도개혁이다. 지대불로소득을 보장해왔던 잘못된 법률을 바꿔야 한다. 정부의 예산구조를 뜯어고치고, 정부가 수립하는 각종 계획도 바꿔야 한다. 범정부 차원에서 기구를 구성하고 법개정과 예산개혁을 할 방안을 마련해야 한다. 그동안 규제개혁위원회니 하는 범정부기구를 만들었는데, 완전히 헛다리를 짚은 것이다. 한국이 최소한 건전한 자본주의라도 되려면 국무총리 산하에 '지대철폐위원회'를 만들어야 한다.

앞에서 부동산에서 발생하는 지대불로소득과 특혜·특권에서 발생하는 지대불로소득에 대해서 언급했지만, 갑-을 관계에서 발행하는 지대불로소득의 문제도 너무 심각하다.

대기업-중소기업 관계에서 대기업이 부당하게 가져가는 지대도 줄여야 한다. 지금 '대·중소기업 상생협력 촉진에 관한 법률'이 만들어져 있고, 상생협력기금을 조성하는 등의 일들이 진행되고 있다. 또한 하도급이나 유통사업, 대리점 등과 관련해서 공정거래위원회가 집행하는 법률들이 만들어져 있다.

그러나 실효성이 약하다. 대기업 등의 갑질을 근절하기 위해서는 법적인 제재를 강화해야 한다. 좋은 말로 "협력하라"고 하는 것으로 문제를 해결할 수 없다. 갑-을 관계에서 '을'의 입장에 있는 사람들이 법원에 갑질 중지를 쉽게 청구할 수 있는 '갑질금지청구제', 부당행위가 드러나면 실제 손해액보다 훨씬 더 많은 금액을 배상하도록 하는 징벌적 손해배상청구제 등을 도입하고, '을'들을 위한 법률지원제도를 대폭 강화해야 한다.

약자의 입장에 있는 사람이 공정거래위원회나 검찰, 법원 등의 기관에 문제를 제기하면, 대기업들은 거대로펌을 선임해서 방어에 나선다. 그런데 정작 약자들은 자기가 입은 피해를 호소하는 데 필요한 법률적·전문적 도움을 받지 못하는 경우가 많다. 법무부 등이 중소기업에 대한 법률지원제도를 운영하고 있지만, 그것으로는 턱없이 부족하다. 갑-을 간의 기울어진 운동장을 바로 세우려면, 을의 입장에서만 법률적·전문적인 지원을 하는 독립기구가 필요하다. 정부가 예산을 지원하되 독립적으로 운영되는 '을들의 호민관'을 두고, 이들이 갑질 근절을 위해 각종 법률적·전문적인 지원을 하도록 해야 한다.

저임금과 위험노동을 하청업체 노동자에게 강요하는 것도 없애야 한다. 그렇게 해서 원청업체들이 이익을 얻는 것도 지대이다. 이를 위해서는 '동일노동 동일임금'을 강력하게 적용해야 한다. 같은 현장에서 같은 일을 하는데도 임금차별을 하는 기업에게는 형사처벌은 물론이고 징벌적 손해배상을 하게 해야 한다. 가령 100만 원의 임금차별을 했다가는 500만 원, 1,000만 원을 손해배상금으로 물어주게 하는 강력한 조치를 취해야 한다.

이런 일들은 하나의 예일 뿐이다. 탈지대를 위해서는 수많은 일들이 필요하다. 그야말로 정부의 최우선 과제를 지대 철폐에 두고 추진해야 한다.

❸
탈화석연료·탈핵

2019년 여름. 유럽의 기온은 40도를 넘어섰다. 북극에 가까운 알래스카의 기온도 30도를 넘었다. 시베리아의 산림에서 일어난 산불은 벨기에 면적 이상의 숲을 불태웠다.

한반도의 2019년 여름은 다행히 그렇게 덥지 않았지만, 언제까지 운이 좋기를 기대해서는 안 된다. 재앙은 한순간에 다가올 것이기 때문이다.

2030년까지 45% 감축, 2050년 순제로가 되어야

기후위기가 일어나고 있는 원인은 간단하다. 인간이 땅속에 묻혀 있던 석탄, 석유, 천연가스 같은 화석연료들을 꺼내서 사용했기 때문이다. 이로 인해 지구의 온실가스 농도는 급속하게 올라갔고, 그 영향으로 지구의 기후가 변하고 있는 것이다. 산업혁명 이전에는 지구의 이산화탄소 농도가 300ppm 이하였지만, 지금은 400ppm을 넘어서서 410ppm에 근접해가고 있다. 매년 2ppm 이상 올라가는 속도를 감안하면, 국제적으로 합의한 마지노선인 450ppm에 도달할 때까지 남은 시간은 20년 정도밖에 안 된다.

그러나 인류 최대의 위기라고 할 수 있는 기후위기에 대한 대응은 늦기만 하다. 2015년 프랑스 파리에서 파리기후변화협정이 체결되었고, 2020년부터 협정이 발효될 예정이지만, 이미 기후위기는 돌이킬 수 없는 일이 아니냐는 위기감이 커지고 있다.

2015년 파리에서는 지구의 기온상승을 산업화 이전보다 2도 이내에서 막아야 하고, 가능하다면 1.5도에서 막자고 합의를 했다. 그런데 이미 2도가 아니라 3도 이상 올라갈 것이라는 비관적 전망들이 쏟아지고 있다. 솔직히 큰 방향을 시급하게 전환하지 않으면 3도까지 올라갈 것이라는 것이 정직한 얘기이다. 각국 정부가 온실가스 배출량을 획기적으로 감소시키는 대책을 내야 하는데, 그게 안 되고 있기 때문이다.

이미 답은 나와 있다. 유엔 차원에서는 2050년까지 탄소배출을 제로(0)로 만들어야 한다는 목표가 공유되고 있다. 2019

년 6월 안토니우 구테흐스 유엔 사무총장은 각국 정상들에게 편지를 보내, 2050년까지 온실가스 순배출량을 제로로 만드는 목표를 설정하고 계획을 수립할 것을 요청했다. 온실가스 순배출량이 제로가 된다는 것은, 자연에 흡수되는 온실가스량과 배출되는 온실가스량을 동일하게 만드는 것을 의미한다.

2050년까지 온실가스 배출량을 제로로 만들려면 2030년까지 45%를 줄여야 한다(2010년 배출량 대비 45% 감축). 2030년이면 지금부터 불과 10년 조금 더 남은 시점이다. 그때까지 온실가스 배출량을 거의 절반 수준으로 줄인다는 것은 그야말로 획기적인 변화가 일어나야만 가능한 일이다.

최소한 이런 문제의식을 갖고 국가 나름대로 목표를 세우는 나라들도 늘어나고 있다. 영국, 뉴질랜드 등은 유엔의 제안대로 2050년까지 온실가스 순배출량을 제로로 만들겠다는 계획을 발표했다.

물론 온실가스 감축을 가장 절박하게 해야 할 나라인 중국, 미국, 인도가 문제다. 전 세계 온실가스 배출량 1위, 2위, 3위인 국가가 과감한 온실가스 감축계획을 수립해야만 문제가 풀리기 때문이다.

그러나 전 세계 이산화탄소 배출량 7위 국가인 대한민국의 책임도 가볍지 않다. 더욱이 대한민국은 먹거리와 에너지의 대부분을 외부에 의존하는 국가여서 기후위기에 매우 취약하다. 대한민국이야말로 온실가스 감축을 선도적으로 하고, 다른 나라에도 동참할 것을 촉구해야 할 국가이다.

기후악당 국가, 대한민국

대한민국의 온실가스 총배출량은 1990년 2억 9,290만 톤 CO_2eq^*에서 2000년 5억 140만 톤, 2010년 6억 5,740만 톤을 거쳐 2016년 6억 9,410만 톤에 달했다. 1990년 대비해서 2.37배 증가한 것이다. 세계적으로도 빠른 증가 추세이다.

온실가스 배출량을 인구로 나눈 '1인당 온실가스 총배출량'도 1990년 6.8톤에서 2016년 13.5톤으로 2배 가까이 증가했다. 이것은 세계 주요국가들의 모임인 G20 국가 평균의 1.7배에 달하는 수치이다. 한마디로 대한민국은 기후위기와 관련해서는 민폐 국가에 속하는 것이다. '기후악당 국가'라는 평가를 듣는 것도 무리가 아니다.

이런 상황인데도 대한민국의 온실가스 감축계획은 얘기하기도 부끄러울 정도이다. 박근혜 정부는 2015년 「2030년 국

---

* CO2eq는 '이산화탄소환산톤' 또는 줄여서 '톤'으로 읽음. 이산화탄소 외에도 메탄, 아산화질소 등 온실가스 배출량을 이산화탄소 배출량으로 환산한 단위.

가 온실가스 감축로드맵」을 유엔에 제출했다. 그 내용을 보면, 2030년 배출전망치BAU, Business As Usual를 계산한 후에, 거기에서 37%를 감축한다는 계획이다. 감축을 위한 노력을 전혀 하지 않을 경우에 늘어날 것으로 예상되는 수치BAU를 계산한 후에, 거기에서부터 줄이겠다는 것이다.

그러나 이것은 여러 선진국들이 1990년 대비 몇 퍼센트, 2010년 대비 몇 퍼센트 줄이겠다고 목표를 세우는 것과는 다른 방식이다. 한마디로 의지가 없는 것이다. 또한 감축량 중 많은 부분을 막연하게 국외에서 줄이겠다는 식으로 되어 있어서 많은 비판을 받았다.

그래서 문재인 정부가 들어선 후에 「2030년 국가 온실가스 감축로드맵」의 수정작업이 진행되어 2018년에 수정안이 발표됐다. 그러나 그 내용을 보면 실망스러운 수준이다. 감축 목표는 바뀌지 않았다.

여전히 2030년까지 배출전망치를 계산한 후에 37%를 줄이겠다는 것이다. 이런 방식으로 계산하면 2030년 배출전망치는 8억 5천 1백만 톤이 나온다. 엄청나게 늘어난 수치이다. 그리고 여기에서 37%에 해당하는 3억 1천 5백만 톤을 줄이면 5억 3천 6백만 톤이 나온다.

그러나 이것은 2010년 온실가스 배출량과 비교했을 때에는 1억 2천 1백만 톤밖에 줄지 않은 양이다. 2010년 대비 18%를 줄이겠다는 것이다. 2050년 온실가스 순배출량을 제로로 하려면 2010년 대비 45%를 줄여야 하는데, 거기에 훨씬 못 미치는 목표이다.

게다가 또 다른 함정이 있다. 37%에 해당하는 3억 1천 5백만 톤을 줄인다고 했지만, 그중 구체적인 계획이 있는 것은 2억 6천 3백만 톤뿐이다. 나머지에 대해서는 막연하게 "산림흡수와 국외감축을 통해 줄이겠다"고 되어 있을 뿐이다. 이것은 매우 미흡한 계획이다.

그나마 이 계획이라도 지킬 수 있을지 불확실하다. 이 계획이라도 지키려면 범정부 차원에서 의지를 갖고 추진해야 하는데, 산업부, 국토교통부 등은 계획을 지키겠다는 의지가 없기 때문이다.

모든 것을 바꿔야 한다

이런 상황에서 온실가스 배출량을 획기적으로 줄이려면, 모든 것을 바꾸는 수밖에 없다. 정부의 모든 정책을 바꿔야 하고, 시민들에게도 솔직하게 상황의 심각성을 설명하고 이해와 협력을 구해야 한다.

시간이 없기 때문에, 단기적으로 포괄적인 변화가 필요하다. 분야별로 어떤 변화가 필요한지를 간략하게 정리하면 다음과 같다.

| 분야별 전환과제 |

분야	정책 방향
전기	• 수요관리를 최우선으로 : 절전이 곧 발전 • 석탄화력발전, 핵발전에 대해 환경세(핵연료세) 부과 • 100% 재생가능에너지를 국가 목표로 하되, 주민참여와 민주적 의사결정을 거쳐서 추진 　풍력(특히 해상풍력), 태양광, 바이오, 수력 등 모든 방법을 활용해야 　대규모 방식은 주민피해와 환경영향이 적도록 추진 　소규모·분산형 재생가능에너지 방식도 확대 • 노후 석탄화력발전소 조기 폐쇄. 현재 추진 중인 7개 신규 석탄화력발전소 건설 철회
산업	• 고탄소 산업구조에서 저탄소 산업구조로의 전환 추진 • 에너지 효율화, 온실가스 감축기술 개발 및 보급 • 건설폐기물·산업폐기물 배출 엄격하게 규제 • 폐열·재생가능에너지를 활용한 기업들의 자가발전 확대 • 온실가스 배출에 대해 강력한 환경세(탄소세) 부과
건물	• 신축 건축물 에너지 효율성 강화 • 기존 건축물의 그린 리모델링 활성화 • 주택의 단열 개선 • 건물 지붕과 벽 등을 활용한 재생가능에너지 보급 확대 • 목조주택 확대

교통	• 2025년 경유차 생산 금지, 2035년 화석연료 자동차 생산 금지 • 전기차 보급 확대 • 신규 도로건설 원칙적 금지, 도로 중심 운송체계 개선 • 대중교통 활성화, 버스준공영제 개혁 및 공공성 강화 • 신규 공항 건설 중단
폐기물	• 신규 매립지 건설 원칙적 금지(매립지에서는 메탄 등 온실가스 발생하기 때문에) • 기존 매립지 메탄가스 최대한 회수 • 감량·재활용으로 소각을 최소화 • 지역 내에서 폐기물을 해결하는 지역책임제 도입 • 플라스틱과 일회용품 생산·사용에 대한 규제 강화

농업·축산	• 공장식 축산에 대한 규제 강화 및 신규지원 금지
	  친환경 축산으로 전환 유도
	• 농업용 전기 사용 억제(농업용 전기요금 순차적 상향 조정. 대신에 농민수
	  당 등 다른 지원책 확대)
	• 농지 보전

먹거리	• 채식선택권 보장 • 가까운 지역에서 나오는 먹거리를 소비하는 지역순환먹거리체계 구축
산림	• 산림 보전 • 폐목재를 활용한 바이오발전 확대
탈토건	• 연관 과제로 추진
탈집중화 분산	• 연관 과제로 추진

강력한 환경세가 답

특히 중요한 것은 환경세를 부과하는 것이다. 환경세는 기후위기와 각종 오염을 일으키는 행위에 대해서 세금을 물리는 것이다. 온실가스 배출뿐만 아니라 핵발전에 사용하는 핵연료, 미세먼지와 각종 오염물질 배출, 폐기물 배출에 대해서도 강력한 환경세를 물려야 한다.

여기에서 말하는 환경세는 일종의 '전환세'이다. 앞에서 언급한 것처럼 모든 분야에서 필요한 전환에 들어가는 비용을 조달하는 세금이다.

환경세는 목적세로 해서 다른 용도로는 사용하지 않도록 하는 것도 필요하다. 그래야 세금을 부담하는 시민들이 동의하기가 쉽다.

한편 한국에서도 탄소세를 도입하자는 논의가 있어 왔는데, 탄소세보다는 좀 더 포괄적인 환경세로 도입하는 것이 더 바람직하다고 본다. 그 이유는 환경세라는 포괄적인 세금으로 걷어서 지출도 포괄적으로 할 수 있도록 하자는 것이다. 탄소세 따로, 핵연료세 따로, 대기오염부담금 따로 걷게 되면, 그 돈을 쓸 때에도 일종의 칸막이 효과가 발생한다. 그것보다는 환경세라는 포괄적인 세금으로 묶는 것이 바람직하다. 그래야 기후위기와 각종 환경오염에 대처하는 데 유연성을 가질 수 있다.

물론 환경세를 목적세로 하면 그 자체로 칸막이 효과가 있다. 그러나 "내가 내는 세금이 기후위기와 환경오염을 막고 전환을 통해 새로운 일자리를 만드는 데 사용된다"는 최소한의 신뢰를 얻기 위해서는 환경세를 목적세로 하는 것이 불가피하다. 대신 최대한 포괄적인 세금으로 해서, 너무 잘게 쪼개지 않는 것이 필요하다.

전기와 관련해서도 그동안 전기요금을 인상하는 방안에 대해 주로 논의가 되었는데, 전기요금을 인상하는 것보다 환경세를 부과하는 것이 더 나을 수 있다. 전기요금을 올리면 그만큼 더 걷은 전기요금을 한전이 사용하게 되는데, 한전이 그 돈을 제대로 사용할지에 대한 불신이 있다. 그 돈으로 송전탑 건설하는 데 쓰면 어떻게 하느냐는 것이다.

그래서 전기요금을 인상하는 것이 아니라 환경세를 부과하는 방식으로 접근하는 것이 필요하다. 가령 지금 100의 전기요금을 내고 있다면, 앞으로 50을 더 내게 할 때에 전기요금이 아닌 환경세로 내게 하는 것이다. 그리고 그렇게 걷어들인 세금을 에너지전환에 필요한 재원으로 사용할 수 있다. 전기요금과 관련해서는, 지금 싸게 공급되고 있는 산업용 전기부터 제대로 비용을 부담하게 하는 것이 필요한데, 그것도 환경세를 부과하는 방식으로 접근하는 것이 바람직하다.

환경세를 도입했을 때의 장점 중 하나는, 배출량을 조작하면 탈세로도 처벌할 수 있다는 것이다. 실제로 최근에 많은 기업들이 오염물질 배출량을 측정업체와 짜고 조작해온 것이 적발되기도 했다. 탈세는 굉장히 무겁게 처벌되는 범죄이므로, 환경세를 도입하면 이런 배출량 조작행위에 대해서도 더 엄격하게 처벌할 수 있다.

한편, 환경세를 도입하는 것은 지금 하고 있는 '온실가스 배출권 거래제'로는 기후위기에 대처할 수 없기 때문이기도 하다. 정부는 '온실가스 배출권 거래제'가 유효한 수단인 것처럼 선전하지만, '온실가스 배출권 거래제'만으로는 충분한 온실가스 감축 효과를 거둘 수 없다.

'온실가스 배출권 거래제'에 대해 생소한 국민들이 많을 텐데, 이 제도는 온실가스를 배출하는 사업장에 온실가스를 배출할 수 있는 배출권을 할당하여 그 범위 내에서 배출하도록 하고, 남는 것(잉여분)이나 모자라는 것(부족분)을 서로 사고 팔 수 있게 하는 것이다. 그런데 이 제도가 효과가 별로 없는 이유는 온실가스를 배출할 수 있는 배출권을 대거 무상으로 할당해주기 때문이다. 만약 A라는 사업장이 100의 온실가스를 배출하고 있는데, A에게 할당되는 배출권의 97%가 무상 할당이라면, A는 아무 부담 없이 97의 온실가스를 배출할 수 있다. 이런 식의 정책으로는 온실가스 배출량을 충분히 줄일 수 없다. 따라서 강력한 환경세를 도입하는 것이 답이다.

화석연료의 대안이 방사능일 수 없어

기후위기를 핑계로 핵발전을 늘리자고 주장하는 사람들이 있다. 그러나 기후위기 못지않게 방사능도 문제이다. 핵발전에서 나오는 고준위 핵폐기물은 최장 10만~20만 년을 보관해야 하는 물질이다. 이것만 생각해도 핵발전은 대안이 될 수 없다.

또한 체르노빌, 후쿠시마 등에서 보았듯이 핵발전소는 결코 안전하지 않다. 대한민국 핵발전소는 신형 원자로를 쓰고 안전조치를 충분히 해놓았다고 주장하는 사람도 있는데, 말도 안 되는 얘기이다. 전남 영광에 있는 영광핵발전소(한빛핵발전소)만 보더라도 부실시공을 한 것이 드러났다. 영광핵발전소는 정부가 원전기술을 국산화해서 건설했다고 선전해왔던 발전소이다. 그런데 격납건물 곳곳에 동굴 수준의 구멍이 뚫려 있고, 격납건물의 두께가 20센티미터에 불과한 곳도 발견됐다. 이런데 어떻게 안전하다는 것인가?

핵발전도 결국 인간이 하는 일이다. 설계한 대로 시공됐다고 볼 수 없는 것이 한국 핵발전소의 현실이다. 지금까지 대형

사고가 나지 않은 것이 다행이다.

사실 온실가스를 성공적으로 감축하고 있는 국가일수록 핵발전을 대안으로 생각하지 않는다. 인구가 8천만 명이 넘는 산업화된 국가인 독일의 경우, 2022년까지 핵발전소를 모두 폐쇄하고 2038년까지 석탄화력발전소도 모두 폐쇄하는 계획을 수립하고 추진해 나가고 있다. 석탄화력발전소 전면폐쇄 시기를 가능하면 2035년까지 앞당기는 것도 검토하고 있다.

기후위기에 대한 위기감으로 녹색당에 대한 지지율이 올라가고 있는 독일에서는 기후위기에 대한 대안으로 핵발전은 거론되지 않는다. 재생가능에너지를 꾸준히 늘려서, 이미 독일의 전기 생산에서 재생가능에너지가 차지하는 비중은 2018년 상반기에 36.3%에 달했다. 재생가능에너지 발전량이 핵발전(11.3%)은 물론 석탄화력발전소의 발전량(35.1%)을 넘어섰다.[*] 독일 정부는 2030년까지 전기의 65%를 재생가능에너지로 생산한다는 계획을 갖고 있고, 궁극적으로는 100%의 전기를 재생가능에너지로 생산하는 것을 추구하고 있다. 이것이 진정한 대안이다. 핵발전이 기후위기의 대안이 될 수는 없다.

---

[*]　「독일 재생에너지 발전량 사상 처음 석탄 앞질러」, 『한겨레』 2018. 7. 12.

❹
탈토건
토목공사에 낭비할 세금은 없다

4대강 사업에 낭비한 수십조 원의 세금도 아깝지만, 4대강 사업 외에도 곳곳에서 세금낭비성 토건사업들이 벌여져 왔다. 건물은 지었는데 활용도는 떨어지는 경우, 도로를 닦았는데 예측보다 다니는 자동차가 적은 경우는 셀 수 없을 정도이다.

경북 영주시에 가면 1조 1천억 원을 들여서 건설한 영주댐이 있다. 깨끗한 물을 공급하겠다고 만든 댐인데, 정작 댐에 물을 가두는 '담수'湛水를 못하고 있다. 내성천은 깨끗한 물이 흐르는 아름다운 하천이었는데, 댐이 건설된 이후 녹조가 대량으로 발생하고 있기 때문이다. 게다가 댐을 연약한 땅 위에 지어서 붕괴 위험이 있다는 시민단체의 문제제기도 계속되고 있다. 참으로 어처구니없는 일이다. 그런데 영주댐 같은 어처구니없는 토건사업들이 전국 곳곳에서 계속되어 왔다.

전북의 새만금간척사업은 1991년부터 시작해 28년째 공사를 하고 있다. 그런데도 새만금간척지 내부에 있는 담수호의 수질은 최악이다. 수질개선을 위해서만 4조 원 이상을 썼지만 소용이 없다. 시민단체들은 2020년에 수질목표치인 3급수(도시용수)는 물론 4급수(농업용수)에도 못 미칠 것으로 보고 있다. 지금이라도 해수유통을 시키는 것이 답이다. 그러나 국민세금만 낭비하고 환경만 파괴한 사업인데도, 국토교통부는 여전히 이 사업을 밀어붙이고 있고, 정치는 이런 토건세력들을 통제하지 못하고 있다.

이런 사업들이 벌어지는 이유는 간단하다. 대기업 건설업체들과 지역의 중소건설업체들에게 일감을 만들어주고 이익을 남겨주기 때문이다. 지역 정치인들은 생색을 내기 좋다. 대규모 사업이 벌어지면 챙길 수 있는 이권도 많아진다. 대다수 시민들에게는 이득이 되지 않고, 소수의 개발·토호세력들에게만 좋은 일이다.

이런 식의 토건사업은 이제 중단해야 한다. 세금낭비도 세금낭비이지만, 미세먼지와 기후위기를 생각하더라도 더 이상 무분별한 토건사업을 벌여서는 안 된다. 지금도 전국 곳곳에서 공항·도로·항만 건설이 추진되고 있는데, 건설 과정에서 온실가스와 미세먼지가 대량으로 배출된다. 또한 건설 이후에도 비행기 운항과 자동차 주행, 선박 운항에서 온실가스와 미세먼지가 대량으로 배출될 수밖에 없다. 무엇보다도, 대한민국을 다녀보면 이미 건설할 만큼 너무 많이 건설했다.

사람에게 쓸 돈은 없다고 하면서 토목건설사업에 세금을 낭비하는 일은 이제 사라져야 한다. 중앙정부와 지방자치단체에서 사용할 수 있는 돈이 있다면, 앞서 언급한 세 가지 기본을 보장하고 탈화석연료 등 전환을 이뤄가는 데 사용해야 한다.

그러나 이 평범한 상식이 지켜지지 않는 곳이 대한민국이다. 그래서 토건의 고리를 끊으려면 구조적인 접근이 필요하다. 토건사업으로 돈이 흘러들어가는 원천을 없애야 한다. 그래서 필요한 것이 '교통시설특별회계'를 폐지하는 것이다.

교통시설특별회계는 정부가 만든 특별회계 중의 하나인데, 시민들이 휘발유·경유를 넣을 때 붙는 세금인 교통·에너지·환경세가 여기로 흘러들어간다. 연간 15조 원 정도의 교통·에너지·환경세가 걷히는데, 이 세금의 80%가 자동으로 교통시설특별회계로 들어가는 것이다(2018년 교통·에너지·환경세의 세수는 15.3조 원이었다). 정부는 2020년부터 교통·에너지·환경세 중 교통시설특별회계로 들어가는 돈의 비중을 73%로 줄이겠다고 하지만, 그 정도는 의미 없는 변화이다.

국토교통부가 관리하는 이 교통시설특별회계는 도로, 공항,

철도, 항만 건설에만 쓰게 되어 있다. 국토교통부 입장에서는 이 특별회계가 없어지지 않게 하려면, 불필요한 사업이라도 벌여야 한다. 그래야만 자기 부처 몫인 교통시설특별회계를 유지할 수 있는 것이다.

이와 같은 구조적인 낭비시스템이 만들어져 있다. 그런데 정치인들은 왜 아무도 이 문제를 제기하지 않을까? 국회의원들은 교통시설특별회계를 통해서 자기 지역구의 토건사업 예산을 따 가고 있다. 그러니 아무도 교통시설특별회계를 없애려고 노력하지 않는다.

2018년 12월에 다음해 예산인 2019년 예산을 국회에서 통과시킬 때에도 교통시설특별회계가 문제였다. 당시에 더불어민주당과 자유한국당이 야합해서 예산을 통과시켰는데, 그 과정에서 밀실 증액된 예산도 교통시설특별회계에 가장 많았다. 교통시설특별회계에서만 도로·철도건설 예산을 1조 원 가까이 늘린 것이다. 국회의원들의 지역구 챙기기 예산이었다.

매년 반복되는 이런 일을 없애려면 가장 먼저 해야 할 일이 교통시설특별회계를 폐지하는 것이다. 교통시설특별회계가 폐지되면 12조 원 정도의 돈이 매년 생기게 된다. 그중 3분의 1 정도는 기존 토건사업 뒷마무리(민자사업 등 때문에 들어가야 할 돈이 있다)에 쓴다고 하더라도, 나머지 3분의 2는 앞서 언급한 세 가지 기본을 확보하거나 탈화석연료로 전환하는 데 사용할 수 있다.

또한, 논란이 되고 있는 제주2공항 건설은 당연히 중단해야 한다. 5조 원의 국민세금이 낭비될 판이다. 국내 인구는 앞으로 줄어들 것인데, 국내 여행객이 계속 늘어난다는 전제하에 사업 타당성을 검토했다. 그래서 현재 제주공항 외에 두 번째 공항을 만들어야 한다는 억지 주장을 하고 있는 것이다.

그러나 이미 제주도로 가는 국내 관광객은 몇 년째 정체 상태이다. 설사 관광객이 늘어나더라도, 기존의 제주공항을 확충하는 방안도 있다는 것이 외국 전문업체(파리공항공단 엔지니어링, ADPi)의 검토 의견이다.

제주2공항만이 아니다. 2020년 총선을 앞두고 부산 앞바다의 가덕도에 새로운 공항을 건설하자는 주장이 부산, 울산, 경남의 민주당 정치인들로부터 나오고 있다. 이런 공항건설 예산도 결국 교통시설특별회계에서 나오게 된다. 그러니 이런 예산 낭비가 다시는 없게 하려면 교통시설특별회계를 폐지하는 것이 시급하다.

교통시설특별회계 외에도 대한민국의 중앙정부와 지방자치단체 예산에는 너무 많은 토건사업들이 들어가 있다. 문화예술 예산 등 다른 명목으로 분류되어 있지만 실제로는 건물 짓는 돈들도 많다.

이런 토건예산을 제로베이스에서 줄여나가려면 각 부처와 지방자치단체들이 토건예산 감축 목표를 설정하고 이행하게 만들어야 한다. 꼭 필요한 사업이 아니면 아예 하지 못하도록 해야 한다. 논란이 있는 토건사업의 경우에는 추첨 등의 방식으로 뽑힌 시민들이 논의해서 결정하도록 하는 '토건사업 시민심사제'도 도입할 필요가 있다. 2009년 일본에서 민주당 정부가 집권했을 때, 이와 비슷한 시도를 한 적이 있었다.

❺
탈집중
분산이 살 길이다

균형발전이라는 단어를 많이 쓰는데, 이 단어는 정확하지 않다. 균형발전이라고 하면 지방의 도시에 건물 짓고 도로·공항·철도 건설하는 토건사업을 연상하는 사람들이 많다. 실제로 이제까지 균형발전을 명분으로 그런 일을 해왔다. 그러나 그것은 집중 현상을 약화시키는 것이 아니라 더 심화시키는 것이다. 서울이나 대도시로의 접근성이 편해지면 중소도시나 농촌 지역은 오히려 침체되는 효과가 나타나기도 한다. 쇼핑도 대도시에 가서 하고, 병원도 서울로 가게 되는 것이다. 그래서 그동안 해왔던 '균형발전'은 오히려 불균형을 심화시키는 효과를 낳기도 했다.

지금 필요한 것은 '탈집중'이고 '분산'이다. 지금처럼 수도권에 인구가 몰리면 삶의 문제를 풀기가 너무 어렵다. 한국 수도권의 주거 비용은 세계적으로 높은 수준이다. 우리나라 수도권의 1일 출퇴근 시간은 평균 두 시간으로 OECD 평균(1시간)보다 두 배나 더 길고, 중국(94분)이나 인도(64분)보다도 길다.* 이런 상태에서는 문제를 풀기가 너무 어렵다.

인구를 분산시켜야 에너지, 먹거리, 주거, 교육, 폐기물 등의 문제를 풀기도 쉬워진다. 서울 같은 대도시에서 에너지와 먹거리 자립을 하는 데에는 한계가 있다. 서울에서 임대주택을 공급하려면 비수도권 지역에서 공급하는 것보다 많은 돈이 들어간다.

이미 한국의 수도권 집중 정도는 세계 최고 수준이다. 수도권 집중도가 높다는 일본, 프랑스보다도 훨씬 더 심각한 수준이다.** 그런데 정부는 수도권 집중, 대도시 집중을 더 심화시키는 정책을 펴고 있다. 말로는 균형발전을 얘기하면서, 실제로는 수도권에 새로운 공단을 허가하고 있다. 대표적인 예로 SK하이닉스가 경기도 용인시 원삼면 일대에서 120조 원을 들여 추진하겠다는 '반도체 특화 클러스터' 사업이 있다. 이 사업이 2019년 3월 국토교통부 수도권정비위원회를 통과했다. 한편으로는 지

---

* OECD Gender Data Portal 2016.
** 한국개발연구원, 「국가재정운용계획 총괄분야보고서」, 2018, 8쪽.

역균형발전을 얘기하면서, 다른 한편으로는 수도권 규제를 완화해서 수도권 집중을 심화시키는 이상한 일이 벌어지고 있는 것이다.

문재인 정부가 발표한 '3기 신도시' 같은 정책도 분산이라는 방향에 반하는 것이다. 3기 신도시는 수도권에 주택을 대규모로 추가 공급하겠다는 것이다. 그러나 전국적으로 보면 주택 보급률이 100%를 넘어선 상황이고, 서울·경기의 주택보급률도 100%에 육박하는 상황이다. 3기 신도시가 집값 안정을 위한 것이라고 하지만, 집값은 앞서 언급한 다주택 소유 규제, 보유세 강화, 공공성 있는 임대주택 대량 공급 등 다른 정책수단을 통해서 안정시키는 것이 타당하다.

사람들이 비수도권으로, 지방의 중소도시로, 농촌으로 분산해서 사는 것이야말로 진짜 균형발전이다. 그러기 위해서는 두 가지 문제를 해결해야 한다.

첫 번째는 먹고사는 문제를 해결하는 것이다. 기존의 산업에서 일자리를 만들겠다는 방식은 현실적이지 않다. 경유차를 줄여나가야 하는 마당에 경유차 공장을 짓겠다는 '광주형 일자리' 같은 사업은 어리석은 일이다. 지속가능하지도 않고 경제적 타당성도 없다. 현실적인 방안은 지방의 중소도시와 농촌으로 이전하는 사람들에게 삶의 기반을 마련해주는 것이다. 기본주거가 보장되고 기본소득을 받을 수 있다면 삶의 공간을 옮기는 것이 불가능하지 않다.

분산정책은 부산, 광주, 대구, 대전, 울산 같은 광역대도시보다는 지방의 중소도시와 농촌에 초점을 맞추는 것이 좋다. 에너지·먹거리 자급률을 높이고, 세 가지 기본을 갖추며, 지역 내부에서 순환하는 경제구조를 만드는 데에는 지방 중소도시와 농촌지역이 가진 장점이 많기 때문이다.

일자리를 만들고 싶다면, 에너지와 먹거리 자급률을 높이고 지역에 필요한 복지·의료·문화·교육인프라를 만드는 과정에서 만들어야 한다. 재생가능에너지를 확대하는 데 힘써온 독일이 36만 개 이상의 일자리를 만든 것을 기억해야 한다.

두 번째는 삶의 질을 높일 수 있는 기본을 갖추는 것이다. 비수도권의 중소도시와 농촌이 살기에 좋은 점들이 있다. 집값도 싸고, 출퇴근 거리도 짧아서 상대적으로 여유 있는 삶이 가능할 수 있다. 그러나 지역의 환경, 복지, 의료, 교육이 열악해서 거주하기가 쉽지 않다는 사람들도 있다. 그래서 비수도권의 중소도시와 농촌에 우선적으로 필요한 것은 도로 닦고 건물 짓고 공장을 유치하는 것이 아니라, 그 지역에 정착하고자 하는 사람들의 삶의 기반을 제대로 만드는 것이다. 다른 나라에서 모델이 되는 지역들도 그런 곳들이다.

환경을 깨끗하게 보전하면서, 지역 내부의 자원(농업, 재생가능에너지)을 활용해서 일자리를 만들고, 문화적으로 풍요를 누릴 수 있도록 해야 한다. 지역에 맞는 교육을 하고, 청년들이 지역에 정착할 수 있도록 지원해야 한다. 질병을 예방하고 관리하는 지역밀착형 의료서비스 인프라를 잘 구축하면, 큰 병이 나지 않는 이상 건강하게 살 수 있는 지역을 만들 수 있다.

그런데 지금은 지방자치단체와 지역구 국회의원들이 엉뚱한 일들을 하고 있다. 환경이 깨끗한 지역에 유해물질이 나오는 공장을 유치한다든지, 악취·분뇨 문제가 심각한 공장식 축산을 확대한다든지 하는 일을 하는 것이다. 그렇게 되면 그 지역의 장점이 오히려 사라진다.

'탈집중'은 선택하고 말고의 문제가 아니다. 앞으로 다가올 기후위기에 대처하고, 집중이 가져온 부작용(높은 집값, 에너지·먹거리 자급의 불가능함 등)을 완화하기 위해서 반드시 가야 할 방향이다.

❻
탈경쟁교육
교육의 본질에 충실해야

'탈경쟁교육'은 교육의 본질에 충실하자는 것이다. 대한민국의 헌법이나 교육기본법을 보면, 어디에도 경쟁에 중요한 의미를 부여하고 있지 않다. 교육기본법 제2조의 교육이념을 보면 다음과 같은 아름다운 문구가 나온다. 여기에 충실하자는 것이다.

> 교육은 홍익인간의 이념 아래 모든 국민으로 하여금
> 인격을 도야하고 자주적 생활능력과 민주시민으로서
> 필요한 자질을 갖추게 함으로써 인간다운 삶을 영위하게
> 하고 민주국가의 발전과 인류공영의 이상을 실현하는 데에
> 이바지하게 함을 목적으로 한다.

그러나 우리의 교육 현실은 이런 교육기본법의 내용과는 아

주 동떨어져 있다. 인격을 도야하고 자주적 생활능력을 갖추는 것이 아니라, 줄세우기식 교육과 무한경쟁 교육에 빠져 있다. 그 원인이 교육 자체에 있는 것은 아니다. 사회에 문제가 있기 때문에 교육도 문제가 있는 것이다.

따라서 여기에서는 구체적인 교육정책을 제시하기보다는, 탈경쟁교육을 어떻게 실현해 나갈지에 대해 몇 가지만 제안하려고 한다.

첫째, 교육문제는 사회문제이며, 교육문제를 풀기 위해서는 사회개혁이 선행되어야 한다는 관점을 명확하게 해야 한다. 그래야 교육으로 풀 문제와 그렇지 않은 문제를 구분할 수 있다. 사회개혁과 관련해서는, 앞에서 언급한 것처럼 공생·공유·공정 사회로 방향을 잡고 세 가지 기본을 갖춰나가는 것이 중요하다. 기본소득과 기본주거가 보장된 상황에서는 배움을 통해서 보다 쉽게 자립을 할 수 있다. 그렇게 해야 교육이 과도한 부담을 덜고 교육 본래의 역할에 충실할 수 있다. 교육기본법 제2조에서 언급한 '자주적 생활능력'과 '민주시민으로서 필요한 자질'을 갖출 수 있도록 학생들을 돕는 것이 교육의 역할이다.

둘째, 교육부-교육청-학교로 이어지는 교육행정체계가 교육기본법에 나와 있는 교육이념을 망각하고 있는 상태에서는 탈경쟁교육이 어렵다. 교육부 장관을 바꾸고 교육감을 직선으로 뽑는다고 해서 지금과 같은 교육관료조직이 바뀌지 않는다. 방법은 현장의 목소리를 통해 교육정책의 방향을 바꾸는 것이다. 첫단계로, 무작위 추첨제로 구성된 학생, 학부모, 교사들이 '교육시민의회'를 구성하고, 경쟁교육이냐 탈경쟁교육이냐 하는 큰 방향에 대해 토론해서 합의를 하는 것이 필요하다.

셋째, 경쟁교육을 부추기는 것들을 없애야 한다. 본래 취지에서 벗어난 특목고, 자사고 등을 없애야 한다. 과도한 학습시간을 줄여야 한다. 일요일 학원교습을 금지시켜야 한다. 대학에서도 상대평가를 대폭 줄여야 한다. 예를 들어 100명의 학생들이 수강을 하는데, 90명의 학생들이 열심히 공부했다. 그런데 상대평가 규정상 30%의 학생들은 무조건 C학점 이하를 받아야 한다. 그 학생들이 아무리 열심히 하고 교육적으로 목표를 달성했더라도 말이다. 이런 경쟁만능주의, 상대평가 만능주의야말로 교육을 망치는 것이다.

넷째, 기후위기 시대, 정보화·인공지능 시대에 맞춰 교육과정을 전환해야 한다. 탈경쟁교육의 방향이 잡히면, 현재의 시대 상황에 맞고 교육의 본질에 충실할 수 있는 교육과정으로 바꿔야 한다. 머리 공부와 몸 공부가 서로 조화를 이룰 수 있도록 학교의 일상을 전환하는 것이 필요하다.

다섯째, 교육현장은 인권과 민주주의가 실현되는 공간이어야 한다. 인권의 사각지대인 전문계고 현장실습을 전면 개선해야 한다. 성소수자·장애인·이주민에 대한 학교 내 차별·혐오 금지 및 인권 보장을 법제화해야 한다. 학생의 학교운영위원회 참여를 법제화하고, 학생인권법을 제정해야 한다. 학교에서부터 비정규직 노동자에 대한 차별을 없애나가야 한다.

여섯째, 대학교육을 혁신해야 한다. 대학총장 선출 등 대학운영에서 학생들의 참여를 제도적으로 보장해야 한다. 국·공립대부터 대학을 통합적으로 운영해서 학벌주의를 없애나가야 한다. 가칭 '폴리페서 방지법'을 만들어서 대학 교수들이 연구와 교육에 충실하도록 만들어야 한다.

일곱째, 교육부가 학교 현장에 과도하게 개입·간섭하지 못하게 하여 학교의 자율성을 보장해야 한다. 학교운영위원회를 의결기구화하고, 교장은 승진 개념이 아니라 보직 개념으로 바꿔야 한다. 교육부는 해체 수준으로 개혁해야 한다. 대학교육을 지원하는 기능, 시·도교육청과 학교 현장을 지원하는 기능만 남겨야 한다. 초·중·고 교육과 관련해서는, 교육부가 행사해오던 권한을 시·도교육청에 넘기고 시·도교육청의 자율권을 보장해야 한다.

❼
탈차별·혐오
누구도 차별받고 혐오받지 않는 사회를

낡은 세력들이 마지막으로 기대는 곳이 혐오와 차별이다. 소수자와 약자에 대한 차별과 혐오를 부추겨서 정치적 이익을 얻으려 하는 것이다. 그러나 단 한 사람이라도 차별받고 혐오받는 사람이 있는 사회에서는 모두가 자유롭지 못하다.

우선 성평등이 실현되고 성폭력·성차별이 사라진 사회를 만드는 것은 절박한 과제이다. 저출산 정책이라면서 내놓는 정책들이 여성을 대상화하고 있는 것은 정말 부끄러운 일이다. 정부가 해야 할 일은 여성을 대상화하고 도구화하는 것이 아니라, 여성들이 차별받지 않고 불안해 하지 않으면서 살 수 있는 사회를 만드는 것이다.

성폭력·성차별을 없애려면, 성평등의 관점에서 전면적으로 법률을 손봐야 한다. "폭행 또는 협박으로 사람을 강간"한 경우를 처벌하게 되어 있는 강간죄의 구성요건을 바꿔야 한다. 직접적인 폭력과 협박 없이도 권력, 지위, 영향력 등을 이용한 성폭력이 저질러지는 것이 현실이다. 이에 대해 처벌하려면, 여성의 동의 여부가 기준이 되어야 한다. 또한 권력관계에서 발생한 성폭력 사건에 대해서는 공소시효 제도를 적용하지 않아야 한다.

최근 여러 채용비리 사건에서 점수를 조작하여 여성을 고의로 떨어뜨린 경우들이 드러났다. 채용에서 여성을 차별하는 기업은 정부·공공기관과 계약을 할 수 없게 하고, 차별을 당한 여성이 징벌적 손해배상을 청구할 수 있게 해야 한다.

낙태죄를 없애야 한다. 낙태죄는 여성의 재생산권, 건강권 등을 침해하는 것일 뿐만 아니라 임신중지율을 낮추지도 못한다.* 낙태죄를 존속시키고 있는 국가일수록 임신중지율이 높다. 반면에 낙태죄를 없애고 임신중지를 무상으로 할 수 있게 보장하는 네덜란드 같은 국가가 임신중지율이 낮다. 성교육, 성평등교육을 제대로 하고 양육의 책임을 사회가 함께 지는 것이 임신

---

* 재생산권(Reproductive rights)이란, 모든 커플과 개인들이 자유롭고 책임 있게 자녀의 수와 시기 등을 결정하고 이를 위한 정보와 수단을 이용할 수 있는 기본적 권리를 말하며, 그들에게 최고 수준의 성적·재생산적 건강 상태에 이를 수 있도록 하는 것과 차별, 강압, 폭력으로부터 자유롭게 재생산에 관한 결정을 내릴 권리를 포함하는 개념이다(세계보건기구). 여성의 재생산권은 합법적이고 안전한 임신중지권, 피임권, 양질의 의료서비스에 대한 접근권, 교육을 받고 정보에 접근할 권리를 포함하는 개념이다.

중지율을 낮추는 방법이다. 헌법재판소가 이미 낙태죄에 대해 헌법불합치결정을 선고했으므로, 이제 공은 국회로 넘어갔다. 국회가 어설프게 절충적인 입법을 할 것 같으면 차라리 하지 않는 것이 낫다. 낙태죄는 사실상 위헌으로 판단된 것이어서, 입법을 하지 않으면 그냥 폐지되는 것이다. 대법원은 어떤 죄에 대해 헌법불합치결정이 나면, 그것을 위헌결정으로 받아들여서 헌법불합치결정이 난 시점부터 무죄를 선고하고 있다.* 그러니 졸속으로 입법을 할 이유가 없다. 한편, 정부가 시급하게 해야 할 일은 2005년 세계보건기구 필수의약품으로 지정된 유산유도제를 도입하고, 임신중지를 원하는 여성들이 충분한 의료상담과 의료조치를 받을 수 있도록 하는 것이다.

또한 문명국가라면, 당연히 소수자에 대한 차별과 혐오를 없애야 한다. 장애인, 성소수자, 이주민 등 소수자들에 대한 차별이 여전히 심각한 상황이다. 유엔 인권위원회가 권고하고 있는 차별금지법을 하루 빨리 제정해야 한다. 차별금지법은 소수자에 대한 차별뿐만이 아니라 학벌에 따른 차별, 정규직-비정

---

* 대법원 판례(대법원 2011. 6. 23. 선고 2008도7562 전원합의체 판결)에 따르면, 헌법재판소의 헌법불합치결정은 형벌에 관한 법률조항에 대한 위헌결정으로 해석하고 있다. 그리고 위헌결정을 받은 형벌조항의 효력은 소급히여 상실되므로, 이미 재판 중인 사건에 대해서도 무죄가 선고되어야 한다는 것이다.

규직과 같은 고용 형태에 따른 차별도 없애나가기 위해 필요한 법률이다.

동성결혼을 법제화하고 다양한 형태의 가족구성권을 인정해야 한다. 2001년 네덜란드가 세계 최초로 동성결혼을 법제화한 이후에 빠르게 확산되고 있다. 결혼과 유사한 시민결합제도를 도입하고 있는 나라까지 포함하면 벌써 35개 국가가 동성 간의 결합을 인정하고 있다. 이것은 보수/진보의 문제도 아니다. 2017년 12월 동성결혼 법제화 법안이 통과된 호주에서는 보수정당인 자유당 총리가 동성결혼 법제화를 강력하게 지지했다. 2013년 4월 17일 뉴질랜드 국회에서 동성결혼을 법제화하는 결혼법 개정안이 표결에 붙여졌을 때, 뉴질랜드의 보수정당인 국민당 의원 27명이 찬성표를 던졌다. 당시 뉴질랜드 국민당의 모리스 윌리암슨 의원은 "우리가 이 법안으로 이루고자 하는 것은 서로 사랑하는 두 사람이 그 사랑을 결혼으로 인정받게 하고자 하는 것입니다. 저는 거기에 무슨 잘못이 있는지 모르겠군요"라고 발언했다.

특히 정치영역에서 성소수자에 대한 혐오 발언이 사라져야 한다. 대선 TV 토론에서 동성애에 대한 찬반을 묻고, 그것에 답을 하는 어처구니없는 상황이 또다시 벌어져서는 안 된다. 동성애에 대한 찬반을 묻는 것 자체가 혐오 발언이다. 사람의 존재에 대해 찬반을 묻는다는 것이 말이 되는가? 찬반을 묻는 대상이 된 사람의 입장에서 생각을 해본다면, 이런 질문 자체가 혐오라는 것을 알 수 있을 것이다. "왼손잡이에 반대하는가?"라는 질문이 말이 안 되듯이, "동성애에 반대하는가?"라는 질문 자체가 말이 안 되는 것이다.

장애인들의 인간다운 삶을 보장하기 위한 노력도 필요하다. 시설 바깥에서 장애인들이 자립하여 생활할 수 있도록 탈시설 정책이 추진되어야 한다. 활동지원서비스의 확대, 장애인 연금의 지급 대상 확대 등도 필요하다.

결혼이주여성들의 체류권 등 인권을 보장하는 것도 필요하다. 이주노동자들의 노동권을 보장하고 노동조건을 개선하는 것도 미룰 수 없는 과제이다. 한반도에서도 많은 사람들이 이주민이 되어 해외로 나갔던 역사를 잊어버리면 안 된다.

그 외에도 우리 사회에 존재하는 다양한 소수자들의 인권을 보장하는 입법이 필요하다. 앞에서도 언급한 것처럼 채식을 하는 사람들의 채식선택권도 보장되어야 한다. 포르투갈은 2017년 3월 학교 등 공공급식에서 채식선택권을 보장하는 법률을 통과시켰다.

제5장

예산과 정부조직을
바꾸자

❶
전환예산 만들기

앞에서 얘기한 '3기 7탈'(세 가지 기본을 보장하고 일곱 가지 전환을 하는 것)을 실현하기 위해서 가장 먼저 바꿔야 할 것이 돈의 흐름이다.

500조 원은 어떻게 쓰이고 있나?

우선 주권자들이 내는 세금이 제대로 쓰이는 것이 중요하다. 2019년 국가예산만 하더라도 475조 원이 넘는다(본예산 469.6조 원 + 추가경정예산 5.8조 원). 2020년에는 510조 원이 넘어갈 것으로 예측된다. 이 돈만 잘 쓰더라도 앞에서 얘기한 일들을 현실로 만들 수 있다.

그것이 가능하다는 것을 간단히 설명하면 이렇다. 1년 단위로 편성되는 예산 말고도, 5년 단위로 짜는 '국가재정운용계획'

이라는 것이 있다. 2019~2023년 국가재정운용계획에 따르면
정부예산은 2023년에는 무려 604조 원까지 늘어날 예정이다.

이렇게 재정규모가 늘어나는 것 자체는 좋다. 문제는 이 돈
을 어떻게 쓰느냐이다.

| 국가재정운용계획 |

(단위 : 조 원, %)

	2019년	2020년	2021년	2022년	2023년	연평균 증가율
재정지출	469.6	513.5	546.8	575.3	604.0	6.5
(증가율)	(9.5)	(9.3)	(6.5)	(5.2)	(5.0)	
의무지출	239.3	255.6	270.7	289.5	302.8	6.1
(비중)	(51.0)	(49.8)	(49.5)	(50.3)	(50.1)	
재량지출	230.3	257.8	276.1	285.8	301.3	6.9
(비중)	(49.0)	(50.2)	(50.5)	(49.7)	(49.9)	

시민들의 삶을 실질적으로 개선하고, 기후위기와 같은 심각
한 상황에 대처하는 데 이 돈을 써야 한다. 그런데 현실은 그렇
지 못하다. 엉뚱한 데 돈을 쓰고 있다. 정말 막대한 세금이 필요
하지도 않은 일에 사용되고, 흥청망청 사용된다.

가난한 사람들과 장애인을 위한 복지예산에는 인색하면서, 도로 건설하는 데에는 돈을 아끼지 않는 것이 현실이다. 실제로 2018년 12월에 2019년 예산이 국회를 통과하는 과정에서 빈곤 노인을 위한 생계비 지원 예산, 장애인 연금 확대 예산은 삭감됐고, 지역구 국회의원들이 주장한 토건사업 예산은 늘어났다.

새로운 정책을 시행하려 해도 마찬가지이다. 기본소득을 지급할 수 있는 돈이 없는 것이 아니라 엉뚱한 곳에 돈을 쓰고 있는 것이다.

이렇게 된 이유는 바로 정치와 행정의 문제점 때문이다. 이 막대한 국가재정의 사용처를 결정하는 것은 결국 행정부와 국회이다. 행정부에서 예산을 편성해서 국회로 넘기면 국회에서 의결하는 것이 예산이 결정되는 구조이다.

그렇다면 정치인과 행정관료들이 국가공동체의 입장에서, 그리고 시민들의 입장에서, 약자와 소수자들의 입장까지 고려해서 예산을 어떻게 쓸지 생각해야 한다. 그러나 현실은 전혀 그렇지 못하다. 정치인, 관료들, 예산을 둘러싼 여러 이해관계 집단들의 이해관계와 국가공동체의 이해관계가 충돌하는데, 전자의 이해관계에 따라 모든 것이 결정되는 것이다.

많은 정치인들이 국가공동체의 이해관계는 뒷전이고, 자신들의 정치적 이익을 위해 국민세금을 쓰는 것에만 관심이 있을 뿐이다. 국회의원들은 자기 지역구 예산 챙기기에 급급하다. 진보·개혁적이라고 하는 국회의원들도 마찬가지이다. 몇몇 진보·개혁적이라고 하는 국회의원들로부터 오는 문자메시지를 보면, 그저 자기 지역구에 예산을 얼마 따 왔다는 얘기뿐이다.

장관이라는 사람들은 자신의 정치적 미래에만 관심이 있거나, 부처 관료들이 하자는 대로 따라가기 일쑤이다. 국정의 최고책임자인 대통령도 정치적 계산을 한다. 또한 대통령도 자기 관심사를 제외하고는 관료들이 보고하는 정보에 따라가기 마련이다. 500조 원이 넘는 국가예산이 현장에서 어떻게 쓰이는지를 실제로 파악하고 있는 대통령을 상상하기는 어렵다. 결국 정치는 막대한 국가예산을 제대로 분배하는 역할을 하지 못한다. 소수자와 약자들의 인권은 정치공학적인 계산에 의해 후순위로 밀리기 일쑤이다.

행정은 더 문제이다. 행정부처 관료들은 기본적으로 자기조직(부처)이기주의에 따라 움직인다. 자기 부처의 예산을 놓지 않으려 하고, 자기 부처의 조직을 키우려 한다. 자기 부처의 직접적인 조직을 키우는 것뿐만 아니라 지역조직(특별지방행정기관이라고 한다), 산하기관들을 기회만 되면 늘리고 싶어한다. 물론 필요한 조직들도 있지만, 꼭 필요하지 않은 조직들도 늘어난다.

그래서 정부조직은 비대해지지만, 정작 국민들을 위한 일보다는 자기 부처를 위한 일, '일을 위한 일'을 하는 경우들이 많다. 게다가 중앙부처 관료들은 현장을 잘 모른다. 그러면서 탁상정책을 편다. 대통령이 바뀌면, 바뀐 대통령의 입맛에 맞는 정책도 만들어내기는 한다. 그런 정책들 중 상당수는 졸속적인 정책일 수밖에 없다. 막대한 세금이 사용되는데 현실에 맞지 않는 정책들이 판을 치고, 효과 없는 정책으로 인해 예산만 낭비된다.

또한 행정부처 관료들은 경제적 이해관계 집단에게 휘둘린다. 뇌물수수와 같이 부패행위에 직접 연루되기도 하고, 각종 로비와 청탁 등에서도 자유롭지 못하다.

이런 상황인데도 예산을 수립하는 과정에서 국민들의 의견을 반영하는 구조는 거의 없다. 문재인 정부 들어서서 국민참여예산제라는 것을 하지만, 국민들로부터 사업 제안을 받아서 극히 일부를 예산으로 반영하는 매우 형식적인 방식이다. 2019년 국민참여예산으로 편성된 예산은 38개 사업에 928억 원에 불과하다. 그나마 대부분의 국민들은 이런 것을 하는지도 알지 못하는 실정이다.

63조 원을 만드는 간단한 방법

그래서 곧 500조 원이 넘을 국가예산을 전면적으로 개혁하는 것이 필요하다. 이를 통해 기본소득, 기본주거 등에 필요한 예산을 확보해야 한다. 우선은 기존의 재원을 활용하는 것이 중요하다. 증세는 뒤에서 따로 검토하겠다.

가령 기본소득, 기본주거, 기본농지·농사·먹거리 정책에 매년 63조 원이 필요하다고 가정해보자. 이 책에서 제안한 '자율선택 기본소득' 정책을 시행하는 데에 매년 43조 원이 필요하고, 기본주거, 기본농지·농사·먹거리 정책을 펴는 데 매년 20조 원이 필요하다고 가정해보자는 것이다. 그럼 63조 원을 어떻게 만들 수 있을까? 지금까지 정부가 검토하지 않았던 새로운 방법의 증세를 하지 않고도 이 정도 규모의 예산을 확보하는 것은 충분히 가능하다. 다음에서 몇 가지 방법들을 제안한다.

첫째, 기존의 사업들은 현재의 예산규모에서 총액으로 묶고, 각 부처별로도 총액을 할당하는 것이다. 그렇게 하고 늘어나는 예산지출은 모두 새로운 정책에 우선 투입하는 방법을 사용할 수 있다. 앞에서 본 것처럼 정부는 국가재정운용계획을 통해 2020년부터 2023년까지 매년 30조 원 정도씩의 국가예산을 증액시킬 계획이다. 조세수입과 국채 발행을 통해 이 정도의 예산지출을 늘릴 수 있다는 것이다. 그렇다면 1년차에 30조 원,

2년차에 60조 원, 3년차에 90조 원의 신규재원을 활용할 수 있다. 이 부분을 전액 기본소득, 기본주거 예산으로 활용하면 된다.

둘째, 토건예산 등 낭비되는 예산을 최대한 줄이는 것이다. 이것은 기본소득, 기본주거와 같은 정책을 바라는 국민들의 집단적 참여를 통해서 추진해볼 수도 있다. 사실 지금 국가예산 중에 낭비되는 예산이 많은 것은 분명한데, 그 규모를 정확하게 추산하는 것은 쉬운 일이 아니다. 또한 어느 것이 예산낭비인지는 보는 사람의 관점에 따라 다를 수밖에 없다.

물론 과감하게 주장하는 사람도 있다. 보건복지부 장관과 국회예산정책처장을 지낸 최광이라는 보수적인 경제학자는 2018년 6월 15일 불교방송에서 한 토론에서 "우리나라 재정 중에 20% 정도를 들어내도 국가가 돌아가는 데 전혀 지장이 없을 것이다"라는 발언을 한 적이 있다. 그러나 이렇게 얘기하는 것은 너무 막연하다. 그래서 줄일 수 있는 부분을 찾는 것이 필요하다.

큰 덩어리로 줄일 수 있는 것도 있고, 소소하게 줄여야 하는 것도 있다. 큰 덩어리로 줄일 수 있는 것은 토건예산이다. 앞에서 교통시설특별회계 얘기를 했지만, 교통시설특별회계 하나만 없애더라도 12조 원의 돈이 생긴다. 이미 벌여 놓은 토건사업 뒷마무리를 하는 데 3분의 1을 쓰더라도, 나머지 3분의 2만 해도 8조 원이 생긴다. 이 돈을 다른 용도로 쓸 수 있는 것이다. 뿐만 아니다. 각 부처에 흩어져 있는 토건사업 예산들도 많다. 문화예산인데 건물 짓는 데 쓰고, 환경예산인데 건물 짓는 데 쓰는 돈들이 많다.

또한 정치적으로 배분되는 예산을 없애면, 상당히 많은 예산을 줄일 수 있다. 행정자치부 예산 속에 들어가 있는 지역현안 특별교부세 5,977억 원, 국가지방협력 특별교부세 1,494억 원, 재난안전관리 특별교부세 7,472억 원(2019년 예산기준)은 특정한 용도가 정해져 있지 않은 상태에서 예산이 편성된다. 그리고 그때그때 사용되기 때문에 정치적으로 배분되기 딱 좋은 예산이다. 교육부 예산 속에 들어가 있는 특별교부금 1조 5,744억 원(2019년 예산기준)도 마찬가지이다. 지역구 국회의원들이 "특별교부세(특별교부금) ○○억 원을 따 왔습니다"라고 홍보하는 경우들이 많은데, 정치적으로 배분되는 예산이라는 것을 잘 보여주는 장면이다.

그 외에도 각종 보조금, 불필요한 행사, 효과가 의심스러운 사업 등등이 숱하게 많다. 그런 부분들을 찾아내면 최소 20조 원은 줄일 수 있다고 본다.

'거품예산 발굴의 해'를 정하자

이를 위해서는 제로베이스에서 예산을 재검토하는 것과 함께, 1년 정도를 '거품예산 발굴의 해'로 정해야 한다. 그 한 해 동안은 예산을 쓰지 못하고 남겨도 공무원들을 칭찬해야 한다. 예산을 남기지 않고 다 써야 한다고 생각하는 공직사회의 인식을 깨기 위해서이다. 연말에 보도블럭 깐다는 얘기가 나온 이유는, "예산을 다 쓰는 것이 일을 제대로 하는 것"이라는 인식이 있기 때문이다. 그래서 거품예산을 발굴하기 위한 1년 동안은 예산을 다 쓰지 않더라도, 범정부적으로 예산의 거품을 찾아내고 이것을 줄이는 공무원들을 인사평가에서 우대하는 정책을 펼 필요가 있다.

또한 공무원들의 노력에만 의존할 일은 아니다. 예산의 편성·집행과 관련된 모든 정보들을 공개하고, 시민들의 예산낭비 신고도 쉽게 할 수 있게 해야 한다. 정보를 투명하게 공개하고 시민들의 참여를 보장하면 예산낭비를 줄이는 것은 그렇게 어렵지 않은 일이다.

나 같은 경우에도 예산감시활동을 오래 해왔지만, 최근에는 국회에서 쓰는 예산 하나에만 집중하고 있다. 아무리 예산을 볼 줄 안다고 하더라도 수백조 원의 정부예산을 모두 들여다보는 것은 엄두도 내지 못할 일이기 때문이다. 그런데 국회예산

하나만 들여다봐도 정말 많은 문제들이 발견된다. 내가 보기에, 7,000억 원이 안 되는 국회예산 속에서도 수백억 원은 쉽게 삭감할 수 있다.

이미 시민단체들과 언론들이 집중적으로 문제제기한 특수활동비라는 예산은 70억 원 가까이가 삭감되었다. 40억 원 정도 되는 특정업무경비라고 하는 예산도 영수증 없이 쓰고 있는데 절반 이하로 줄여도 된다. 입법 및 정책개발에 사용하라고 국회의원들에게 주는 예산 중에서도 상당액은 엉터리로 쓰이고 있어서 삭감 가능하다. 국회의원들의 해외출장비, 국회에서 사용하는 특근매식비, 업무추진비도 줄일 부분이 많이 있다. 전직 국회의원들에게 변칙적으로 지급되는 특혜성 연금도 54억 원이나 된다. 이런 부분에 대해 시민단체들과 독립언론인 『뉴스타파』가 계속 감시 활동을 하고 있다. 진짜 몇백억 원은 줄일 수 있다.

이런 식으로 해나가면 된다. 모든 정부부처들을 투명하게 만들고, 감시를 하는 시스템을 만들면 토건예산 외에도 줄일 수 있는 예산들은 많다.

셋째, 예산낭비를 더 확실하게 줄이려면, 국민소송제도를 도입하면 된다. 국가예산이 위법하게 낭비된 것을 알게 된 사람은 누구나 그것에 대해 소송을 할 수 있게 하는 것이다. 그리고 소송에서 승소하면, 낭비된 예산은 국고로 환수하고 소송을 제기한 국민에게는 일정액의 인센티브를 주는 것이다. 이런 국민소송제도 도입은 문재인 정부의 100대 국정과제에도 언급된 내용이다. 과거 노무현 정부 시절에도 추진된 적이 있다. 국가의 공유자원인 세금을 엉터리로 쓰는 것을 더 이상 방치해서는 안 된다.

이렇게 예산낭비를 잡아내면 정부지출이 위축돼서 경제에 지장이 있을 거라는 주장도 나올 것이다. 그러나 전혀 걱정 안 해도 된다. 정부가 돈을 안 쓰는 게 아니라 제대로 쓰자는 것이다. 낭비되는 예산은 줄이는 대신 기본소득을 지급하고 기본주거를 보장하면, 경제적으로 어렵거나 불안한 처지에 있는 사람들의 문제가 해소되면서 꼭 필요한 소비는 오히려 활성화될 것이다.

세금감면 축소, 탈세방지 등으로 기본소득을

앞에서 언급한 것처럼, 증액되는 예산지출분(최소 30조 원이상)에 토건예산 감축 10조 원, 그 외 예산낭비 감축 20조 원이면 60조 원은 이미 마련되었다.

그러나 그것이 끝이 아니다. 정부가 예산을 쓰는 것과 똑같은 효과를 낳는 것이 세금을 내지 않게 해주는 것이다. 비과세·감면 제도가 그것이다. 세금을 깎아주는 것은 그만큼 국가가 돈을 지원해주는 것이나 마찬가지이므로, 이런 비과세·감면을 '조세지출'이라고 부른다.

그런데 대한민국의 조세지출은 점점 더 늘고 있다. 중앙정부가 해주는 조세지출이 2019년에는 47.4조 원에 달한다. 물론 그중에는 봉급생활자(근로소득자)가 받는 혜택도 있다. 예를 들면 신용카드를 사용하면 세금혜택을 주는 것이 그런 것이다. 저소득 근로자에게 근로장려금을 지급하는 것도 여기에 해당한다.

그런데 이런 조세지출 혜택이 기업들이나 고소득층에게 돌아가기도 한다. 2018년에 고소득자에게 돌아간 조세지출도 9조 4,604억 원에 달했다. 그리고 예산이 졸속으로 결정되듯이 조세지출도 그렇게 결정되는 경우가 많다. 그런 조세지출을 줄여나가야 한다. 그렇게 하면, 그만큼 쓸 수 있는 돈이 국가에 더 생긴다.

지방세와 관련해서도 마찬가지 문제가 있다. 지방세를 비과세·감면해주는 것을 지방세지출이라고 하는데, 2017년 기준으로 13.4조 원에 달한다. 재산세를 깎아준 것이 5.4조 원, 취득세를 깎아준 것이 5조 원에 달한다. 이것도 줄여나가야 한다.

예전보다 줄었다고 하지만, 탈세는 여전히 심하다. 세금을 내지 않는 탈세는 결국 지하경제로 연결된다. 2015년 지하경제 규모가 124조~145조 원 정도로 추정된다는 자료도 있다.* 이런 지하경제를 없애고 세금을 제대로 걷어도 많은 재원을 확보할 수 있다.

탈세를 없애는 방법이 뭘지 궁금해 하는 분이 있을 것이다. 아주 간단한 방법이 있다. 누가 세금을 얼마 내는지를 투명하게 공개해버리는 것이다. 핀란드 같은 북유럽의 복지국가는 누가 세금을 얼마 냈다는 정보를 사생활의 영역으로 보지 않는다. 누구든 다른 사람의 납세정보를 알 수 있다. 인사청문회를 거치는 장관 후보자들이나 선거에 나오는 공직 후보자들 정도만 납세정보가 공개되는 우리와는 많이 다르다.

오히려 대한민국의 국세기본법 제81조의13은 '비밀유지'라고 해서 과세정보를 공개하지 못하도록 못박고 있다. 이런 조항을 없애고 개인과 법인의 납세정보를 투명하게 공개하기만 해도 탈세는 막을 수 있다. 정보를 공개하고, 시민들로부터 탈세 신고를 받고, 신고 내용이 확인되면 포상금을 지급하자. 탈세는 국가공동체의 신뢰를 허무는 중대한 위법행위이므로 더 이상 사생활 영역으로 봐서는 안 된다.

---

* 안종석·강성훈·오종현, 「소득세 TAX GAP 규모와 지하경제 규모 추정」, 『조세재정 브리프』 2017년 2월호, 한국조세재정연구원, 26쪽 참조.

증세와 그 외의 재원마련 방안

이렇게 예산낭비를 줄이고, 비과세와 세금감면, 탈세 등을 줄이면 웬만한 정책을 펴는 데 필요한 예산을 확보할 수 있다. 거기에 앞에서도 언급한 토지보유세 강화, 부동산 임대소득에 대한 과세 강화, 금융(이자, 배당, 주식양도차익)소득에 대한 과세 강화, 소득세 최고세율 50%로 상향 조정, 상속·증여세 강화 등의 증세 방안도 검토할 필요가 있다.

탈화석연료·탈핵 등에 필요한 재원마련을 위해서는 앞에서 언급한 환경세 도입이 필요하다. 환경세로 들어오는 돈은 기후위기 대응에 전액 사용한다든지 하면 납세자들의 저항감도 적을 것이다.

세금으로도 충분하게 재원마련이 가능하지만, 다른 방법도 상상하고 고민해볼 필요가 있다. 역사를 보면 흥미로운 사례들이 많다.

앞에서도 이야기한 것처럼, 일제로부터 해방된 직후에 농지개혁을 할 때 대한민국 정부는 지주들에게 종이로 된 증권(지가증권)을 나눠주고 농지개혁을 했다. 다주택자가 소유하고 있는 주택이나 비농민이 소유하고 있는 농지와 관련해서는 이런 방법을 충분히 활용할 수 있다. 그럴 경우 국가의 재정 부담이 일시에 몰리지 않을 것이다. 가령 국가가 다주택자 보유 주택들을

100조 원을 들여서 매입한다고 했을 때, 10년 분할 상환 증권을 발행하면 1년에 10조 원만 부담하면 되는 것이다. 대신에 미리 처분할 수 있도록 충분한 유예기간을 주면 된다.

만약에 어떤 위기적 상황이 도래하고, 정부가 기존 방식을 넘어서서 재원을 마련해야 한다면 한국은행권이 아닌 정부화폐를 발행하는 것도 생각해볼 수 있다. 지금 우리가 사용하는 돈은 정부가 발행한 것이 아니라 한국은행이라는 중앙은행이 발행한 것인데, 정부가 직접 별도의 화폐를 발행하는 것이다. 미국의 링컨 대통령은 남북전쟁 당시에 그린백Greenback이라는 정부 발행 화폐를 찍어내서 전쟁 수행에 필요한 재원을 조달한 사례가 있다.

또한 최근 관심을 끌고 있는 현대화폐이론은 적자재정을 걱정할 필요가 없다는 주장을 하고 있다. 기존의 주류경제학과는 완전히 다른 입장에 서 있는 이 이론은, "자국 통화를 가진 나라는 재정적자를 걱정할 필요가 없다"고 주장한다. 필요하다면 재정적자에 얽매이지 말고 화폐를 발행하면 된다는 것이다. 그러다가 만약 인플레이션이 일어나면 세금을 올려 화폐를 걷어들이면 된다는 주장이다. 이런 주장에 대해 주류경제학은 무시하고 있지만, 앞으로 더 논의하고 검토해볼 필요가 있다.

대안예산을 짜보자

앞에서 언급한 것처럼, 재원을 마련할 방안은 충분하다. 모든 아이디어들을 이 책에서 검토하고 제안하는 것은 불가능하다. 그래서 대안예산을 짜 나가는 과정을 제안한다. 방법은 간단하다. 표의 왼쪽에는 앞에서 언급한 ① 예산개혁으로 확보할 수 있는 예산액(예산절감액) + ② 탈세방지, 세금감면 축소, 증세 등을 통해 늘릴 수 있는 정부의 세금수입을 적으면 된다. 그리고 오른쪽 칸에는 그 돈을 사용할 곳을 적으면 된다.

공무원들이 복잡하게 만들어놓은 수천 쪽의 예산서보다 지금 필요한 것은 이 간단한 표이다. 앞에서 언급한 내용들을 표에 적으면 다음과 같다. 이 표를 더 구체화하고 더 정교하게 만들면, 그것이 우리가 바꿀 예산의 모습이 될 것이다. 이런 대안예산이 1년 만에 완성되는 것은 아니다. 조세지출 감축, 탈세방지, 증세 등에는 시간이 걸린다. 그러나 최대한 단축시키면 된다.

관료들과 정치인들만 주무르는 예산이 아니라 시민들이 참여할 수 있는 예산이 되려면, 예산개혁의 효과가 확실하게 시민들에게 다가가야 한다. 그리고 그것을 위해서는 재원을 마련하는 방법까지도 시민들의 참여 속에 만들어갈 수 있어야 한다. 그것은 하나의 표로도 충분히 정리될 수 있다. 이런 그림을 바탕으로 구체적인 계산을 하고 예산서라는 형태를 만드는 것은

| 대안예산의 밑그림 |

재원확보 방안		사용할 곳

기존 사업은 예산 동결하고,
증액되는 예산 활용하기
(3기 7탈과 같은 방향전환 사업 외에는
예산총액 동결)
	1년차 30조,
	2년차 60조,
	3년차 90조 원
	확보
		• 기본소득 43조 원
		• 기본주거 10조 원
		• 기본농지·농사·먹거리
		  10조 원
		• 탈화석연료 30조 원
		  이상 최대한
		  ……

토건예산 감축	10조 원	
기타 예산낭비 감축	20조 원	
세금감면(조세지출) 감축	10조 원	
탈세방지를 통한 세금수입 증대	20조 원	
증세 : 토지보유세 강화, 부동산 임대소득과 금융소득에 대한 과세 강화, 소득세 최고세율 50%로 상향 조정, 상속·증여세 강화, 강력한 환경세 도입	30조 원 이상	

관료들과 전문가들에게 맡기면 된다.

　말로만 주권이 국민에게 있다고 하는 것은 아무 의미가 없다. 최소한 예산을 어떤 방향으로 써야 할지에 대해서는 이제 주권자인 시민들이 이해할 수 있고, 토론할 수 있고, 참여할 수 있어야 한다.

전환을 위한 정부조직

정부조직의 임무부터 새로 부여해야

대한민국의 국가공무원(교사, 경찰 포함) 수는 66만 9,007명 (2018년 연말 기준), 지방공무원은 39만 773명에 달한다. 행정부 소속만 그렇고 입법부, 사법부, 헌법재판소, 중앙선거관리위원회까지 합치면 108만 5,849명에 달한다.

이 공무원들은 조직에 속해서 일을 하게 된다. 그것이 정부조직이다. 이 정부조직이 곧 500조 원을 돌파할 정부예산을 사용하고 있다. 다음은 대한민국의 정부조직도이다. 행정부에 속하는 조직들만 나온 그림이다.

이 조직이 국민들 편에서 일을 잘 하게 하려면 우선 임무가 정확하게 부여되어야 한다. 국민들의 삶에 필요한 일을 해야 하지, 필요가 없거나 오히려 해가 되는 일을 해서는 안 된다. 그런

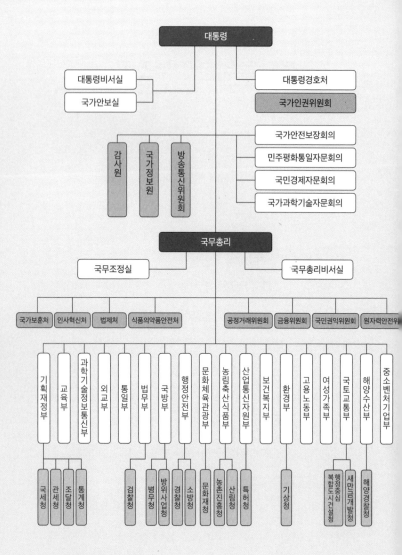

그림 3 | **현재 대한민국 정부조직도**

데 지금 현실은 전혀 그렇지 못하다. 낡은 경제성장주의 패러다임에 따라 정부부처의 임무가 부여되어 있는가 하면, 현재의 시대적 상황도 반영되어 있지 못하다.

그래서 정부조직의 임무부터 제대로 부여하는 것이 필요하다. 그 과정에서 해체 수준으로 대대적인 개편을 하거나 사업·예산을 대폭 축소해야 하는 부처도 있고, 신설하거나 사업·예산을 확대해야 하는 부처도 있다.

이런 정부조직 개편에도 국민들의 의견이 반영되는 것이 필요하다. 역대 정부는 단 한 번도 정부조직 개편을 어떻게 할지에 대해서 국민들의 의견을 제대로 수렴하려는 노력을 하지 않았다.

기획재정부 대신 전환부

토론을 위해서는 누군가가 제안을 해야 한다. 여러 사람들이 제안하고 토론해가는 과정에서 대안 정부조직의 모습은 구체화될 것이다.

일단 내가 생각하는 것을 제안해본다. 대통령과 국무총리에 대해서는 6장에서 헌법개정을 다룰 때 얘기하려고 하므로 일단 제외해 두자. 그 외의 조직들에 대한 의견은 이렇다.

첫째, 대통령 직속기관과 국무총리 소속기관들을 개편해야한다. 대통령 직속기관 중에 국가정보원은 국내 문제에 개입하지 못하도록 대외안보정보원으로 개편해야 한다. 감사원은 국회 소속으로 이관하는 것을 검토해야 한다. 물론 이것은 6장에서 설명하는 선거제도 개혁을 전제로 한 것이다. 국민권익위원회처럼 국민 편에서 행정을 감시·견제하고 국민들의 고충을 해결하는 옴부즈만 성격의 기관도 국회 소속으로 옮기는 것이 취지에 더 맞다.

지금은 국회가 불신을 받기 때문에 감사원이나 국민권익위원회의 소속을 국회로 옮기는 것에 반대가 많다. 그러나 해법은, 국회를 개혁하고 이 기관들의 소속을 국회로 옮기는 것이다. 국회가 엉망이라면 국회를 바꿔야지, 행정부로부터 독립해야 하는 기관을 대통령이나 국무총리 소속으로 둘 일이 아니다. 우리의 감사원과 유사한 미국의 회계검사원GAO, General Accounting Office은 국회 소속이다. 그렇지만 국회 내의 정파에 휘둘리지 않는다. 미국의 회계검사원은 국회 내의 정파로부터도 독립성을 갖고 있다. 회계검사원장의 임기는 무려 15년이 보장되어 있다. 그러니 국회의원들 눈치를 안 봐도 된다. 이런 식으로 하는 방법도 있다.

둘째, 전환을 키워드로 해서 경제 관련 부처를 전면개편해야 한다. 전환부를 신설해서 산업통상자원부의 산업정책과 에너지정책을 가져오고, 기후위기에 대응한 여러 분야의 전환을 총괄·조정하는 역할까지 부여해야 한다. 산업통상자원부는 해체하고, 무역·통상 기능은 무역·통상부로 따로 떼어내는 것이 필요하다. 기획재정부 장관이 맡던 부총리도 전환부 장관이 맡도록 하고, 부총리의 명칭도 '경제부총리'가 아니라 '전환부총리'가 되어야 한다.

기획재정부는 경제정책을 총괄하는 기능을 빼고 조세·재정부로 축소해서 조세정책과 예산, 국유재산 관리를 맡는 것으로 해야 한다. 국토교통부는 부처 해체 수준의 개혁이 필요하다. 신규 토건사업을 벌이는 파트들은 대폭 축소하고 예산도 대폭 축소해야 한다. 명칭도 주택교통부로 바꿔야 한다. 기본주거 정책이 부처의 핵심임무가 되기 때문이다. 과학기술정보통신부는, 방만하다는 비판을 받는 R&D사업을 개혁하고 '원자력 진흥'이라는 임무를 없애야 한다.

먹거리주권부, 환경·동물부와 성평등 부총리

셋째, 농업과 환경 분야의 정부조직을 개편해야 한다. 농업을 단순한 산업으로 보는 시각에서 벗어나야 한다. 기후위기 시대에 생존의 기반이 되는 공익적인 일로 봐야 한다. 농림축산식품부를 먹거리주권부로 명칭을 변경하고, 먹거리 자급률을 올리는 것을 최대의 목표로 삼아서 정책을 전면 재편해야 한다. 공장식 축산을 진흥하는 정책은 이제 폐기해야 한다. 동물보호와 관련된 규제 기능은 떼어내서 환경부로 이관하고, 환경부를 환경·동물부로 개편해야 한다. 그래서 환경보호와 동물정책을 같이 다루는 부처가 되어야 한다. 국토계획이나 도시계획과 관련된 부분도 국토교통부에서 환경·동물부로 이관해야 한다. 지속가능성을 각종 계획의 최우선에 두어야 하기 때문이다.

넷째, 사회 분야 부처를 개편해야 한다. 교육부에서 초·중·고등학교 교육과 관련된 부분은 국가적인 조정이 필요한 최소한의 부분만 남기고, 나머지는 시·도교육청에 이관해야 한다. 교육부는 고등교육과 관련된 역할과 시·도교육청을 지원·조정하는 역할만 하는 것으로 한다. 여성가족부는 성평등부로 개편하고, 성평등부 장관이 사회부총리를 맡게 해야 한다. 기존에 사회부총리를 맡던 교육부는 대폭 역할이 축소되는 것이고, 성평등은 정부 정책 전반에 실현되어야 하는 것이므로 성평등부 장관이 사회부총리를 맡는 것이 적절하다. 지방분권시대에 맞춰, 행정안전부가 지방자치의 자율권을 침해하는 부분을 대폭 축소해야 한다. 고용노동부는 그냥 노동부로 명칭을 바꿔서 노동권을 보장하는 역할에 충실하도록 해야 한다.

책임장관제와 '지대철폐위원회'

그리고 위와 같이 정부부처를 개편하면서, 책임장관제를 시행해야 한다. 지금처럼 장관이 정권의 상황에 따라서 수시로 교체되어서는 안 된다. 그렇게 되면 결국 직업관료들만 좋다. 장관이 되면 업무 파악하느라 바쁘고, 업무를 좀 파악할 것 같으면 장관이 바뀌기 때문이다. 그러니 결국 잘 모르는 장관을 앉혀 놓고 관료들이 정책을 주무르게 된다. 이것은 민주주의 원리에도 반하는 것이다. 선출된 권력이 관료집단을 사실상 통제하지 못하는 결과가 초래되기 때문이다.

책임장관제를 시행하는 방법은 6장에서 설명하는 선거제도 개혁, 대통령제 보완과도 연결된다. 헌법에 따르면, 국무총리가 장관을 제청하면 대통령이 임명하는 구조이다. 그러나 실제로는 국무총리가 장관을 제청하는 것이 아니라 대통령이 낙점한다. 헌법도 잘 지켜지지 않고 있는 것이다.

그 이유는 국무총리의 위상이 정치적으로 약하기 때문이다. 지금 헌법상 국무총리는 국회의 동의를 받아 대통령이 임명하게 되어 있다. 국회 동의라는 절차가 있지만 국회는 일종의 거부권을 행사할 수 있을 뿐이고, 누가 국무총리가 될지에 대해서는 관여하지 못한다. 그러니 국무총리는 임명권자인 대통령의 눈치를 볼 수밖에 없고, 헌법에서 준 권한도 제대로 행사하지 못하는 '허수아비 국무총리'가 될 수밖에 없는 것이다. 그리고 이런 상황에서는 장관도 대통령과 대통령 참모들 눈치를 볼 수밖에 없다.

그래서 책임장관제는 말로 해서 될 문제가 아니다. 역대 대통령들 중에 책임장관제를 하겠다고 얘기한 사람은 있었지만, 전혀 지켜지지 못했다. 제도를 통해 책임장관제를 보장하지 않으면 말장난에 불과할 수밖에 없다.

책임장관제가 실현되려면, 우선 국무총리 임명방식을 바꿔서 국무총리를 국회가 선출 또는 추천하게 하는 것을 검토해야 한다. 그리고 그 국무총리가 장관제청권을 실제로 행사할 수 있게 하는 것이다. 장관을 임명하기 전에는 국회 동의를 받게 해야 한다. 지금은 인사청문회를 거치지만, 인사청문회 결과와 관계없이 장관 임명을 할 수 있게 되어 있다. 이렇게 바꾸면 장관은 임명권자인 대통령의 눈치만 보는 것이 아니라, 제청권을 가진 국무총리와 동의권을 가진 국회로부터도 인정을 받아야 하고 정치적 책임도 지게 된다.

그리고 뒤에서 설명하는 선거제도 개혁까지 이뤄진다면, 유럽의 많은 국가들에서 보는 방식으로 내각이 구성될 수 있다. 특정 정당이 단독으로 장관 자리를 독식하는 것이 아니라, 여러 정당들이 연립정부를 구성하는 것이다.

그러나 아무나 장관이 될 수 있는 것은 아니다. 연립정부에 참여하는 정당의 입장에서는 책임장관 자리에 앉는 사람이 자기 정당을 대표하는 얼굴이 되므로 역량이나 도덕성 면에서나 자신 있는 사람을 자기 정당의 장관으로 추천할 수밖에 없다. 그리고 이렇게 연립정부에 참여하는 정당의 대표 자격으로 장관이 되면 대통령이라도 함부로 해임할 수 없다. 이처럼 책임장관은 대통령 개인의 의지에 맡겨둘 것이 아니라 제도적·정치적으로 만들어야 하는 것이다.

책임장관제를 시행하면, 지금처럼 대통령 직속으로 만들어 놓은 방만한 위원회들을 정리해야 한다. 대통령−국무총리−책임장관의 체계에서 의사결정이 이뤄지고, 책임도 이 틀에서 지는 것이 맞기 때문이다.

다만, 한국사회에 뿌리 깊은 지대를 줄여나가기 위해서는 국무총리 산하에 '지대철폐위원회'를 설치해서 대대적으로 지대불로소득을 조사하고 없애나가는 일을 해야 한다. 이것은 범정부적인 작업이므로 국무총리가 위원장이 되어 추진해 나가야 한다. 지금 있는 '규제개혁위원회' 같은 기구는 당연히 없애야 한다. 시민의 생명과 안전을 지키고 무분별한 지대추구행위를 없애기 위해서는 규제가 당연히 필요하다.

민주·투명·책임성을 위한 관료개혁

이렇게 정부조직의 큰 틀을 정비하고 각 조직의 임무를 명확하게 하면서 책임장관제를 도입하면, 관료조직의 대대적인 개혁이 필요하다. 그러나 그 방식은 신중해야 한다. 역대 정권은 자기 입맛에 맞는 사람들을 인사상 우대하는 방식으로 관료조직을 장악하려 했는데, 그런 방식은 개혁이 아니라 개악이 되기 쉽다. 관료사회에서 '눈치 보기', '권력에 줄 서기' 같은 행태를 불러 일으키기 때문이다.

그리고 흔히 관료조직은 효율적이어야 한다고 생각하는데, 공공조직에 대한 평가는 효율성보다 그 조직에 부여된 임무를 제대로 수행하느냐가 더 중요하다. 그래서 중요한 것이 민주성, 책임성, 투명성이다.

국무총리와 장관은 2~3년도 안 되는 임시직, 국회의원은 4년짜리 임시직, 심지어 대통령까지도 5년짜리 임시직이라고 생각하는 것이 현실이다. 이런 상황에서 관료들은 행정부의 주인이 본인들이라고 생각한다. 그러면서도 정책이 실패하면 책임지는 관료는 없다. 언론들도 정책 실패의 책임을 정권의 탓으로는 돌려도 관료의 탓으로 돌리지 않는다. 이렇게 해서 무책임한 관료조직이 탄생하는 것이다.

그래서 관료개혁의 첫 번째는 민주성을 확보하는 것이다. 책임장관제를 도입하고, 국회가 제 역할을 하게 하는 것이 핵심이다. 6장에서 설명하는 선거제도 개혁을 통해 국회를 제대로 구성해서, 국회가 입법과 예산, 국정조사 등을 통해 관료조직을 제대로 견제하고 통제할 수 있어야 한다.

둘째, 투명성과 관련해서는 정보공개가 핵심이다. 정보공개가 잘 되는 국가는 부패가 없다. 그래야 예산도 국민들의 삶을 위해서 제대로 쓰인다. 공무원들이 하는 일의 성과도 제대로 평가할 수 있다. 그러나 대한민국은 여전히 정보공개 후진국이다. 정보공개청구를 하면 중요하고 민감한 정보일수록 공개되는 비율이 낮다. 대법원 판결이 난 사안에 대해서도 비공개하는 경우들이 있고, 심지어 같은 행정기관들끼리도 정보공개를 하지 않기도 한다.

대안은 간단하다. 법원 판결이나 중앙행정심판위원회의 결정을 무시하고 비공개결정을 하는 경우에는 해당 공무원을 처벌도 하고 징계도 해야 한다. 그리고 일단 비공개결정을 하면 법원에 행정소송을 제기해서 공개받는 데 3~4년이 걸리는 문제를 개선해야 한다. 그것을 위해서는 정보비공개결정 사건만 다루는 행정심판기관(가칭 정보공개심판원)을 신설해야 한다. 그래서 부당하게 정보비공개결정을 내린 경우에는, 몇 개월 이내에 정보공개심판원을 통해서 공개받을 수 있도록 해야 한다. 더 나아가면, 각 정부조직마다 정보공개를 전담하는 정보공개책임관을 두고 민간전문가 출신을 채용하게 해야 한다. 그렇게 해서 관료들끼리 정보공개 여부에 대해 결정을 하는 것이 아니라, 독립적인 통제를 받도록 해야 한다.

셋째, 책임성을 강화하기 위해서는 정책실명제, 국민소송제 등을 통해서 관료들에 대해서도 정책의 결과에 대한 책임을 물어야 한다. 국민소송제에 대해서는 앞에서 예산개혁에 대해 얘기할 때에 설명했다. 그리고 국민권익위원회처럼 옴부즈만 기능을 하는 부처들이 제 역할을 하게 해야 한다.

마지막으로, '5급 공개경쟁 채용시험'으로 이름을 바꿔 유지되고 있는 행정고시제도를 폐지하는 것도 필요하다. 현대 국가에서 행정관료에게 필요한 능력을 시험으로 평가한다는 것 자체가 무리이다. 또한 지금은 대학졸업자들이 9급 공무원으로 대거 들어가는 상황이다. 그렇게 들어간 사람들이 공무원으로 근무하면서 능력을 평가받고 승진하도록 하는 것이 더 적절한 방식이다. 시험에 합격했다고 해서 곧바로 5급 공무원이 되게 할 이유는 없다. 2018년 기준으로 9급 공무원이 5급 사무관으로 승진하기까지 평균 24.4년이 소요된다. 행정고시에 갓 합격한 5급 사무관이 해당 분야 정책을 20년 이상 다뤄온 사람보다 더 역량이 있다는 근거는 없다.

제6장

전환의 출발점

- 선거개혁, 헌법개정, 평화정착 -

***
***
***

앞에서 대한민국의 방향전환을 어떤 방향으로 어떻게 해야할지 살펴보았다. 그러나 이 모든 논의가 공허해지지 않으려면, 1차적으로 바꿔야 하는 것이 국가의 의사결정시스템이다. 그게 안 되면 아무것도 안 된다.

시민으로부터 권한을 위임받은 사람들이 의사결정을 제대로 하게 하려면, 선거제도를 개혁하고 헌법을 개정해야 한다. 또한 분단국가의 특성상 평화체제를 정착시켜야 국내개혁도 쉬워진다. 6장에서는 그에 대해 하나하나 살펴보려고 한다.

❶
승자독식에서 비례민주주의로

5장의 마지막에서 설명한 전환예산, 전환정부조직을 만들려고 해도, 관련된 법률들을 바꿔야 한다. 예산과 관련해서는 국가재정법을 바꾸고 교통시설특별회계법을 폐지해야 한다. 기본소득, 기본주거, 기본농지·농사·먹거리와 같은 새로운 정책을 도입하기 위한 법률은 새로 만들어야 한다. 정부조직을 바꾸려면 정부조직법이라는 법률을 바꿔야 한다. 여러 입법이 필요한 것이다.

그런데 지금의 국회가 이런 입법에 대해 논의한다는 것은 기대조차 할 수 없다. 지금의 국회에서는 이 책에서의 제안뿐만 아니라, 다른 그 어떤 제안과 의제에 대해서도 토론을 기대하기 어렵다. 불평등 문제도, 미세먼지도, 기후위기도, 주거문제도, 성평등과 인권 문제도 지금의 국회의원들에게는 중요하지 않다. 국회의원 본인은 자기 지역구만 열심히 관리해서 다음번에 또 당선되면 그만인 것이다.

선거제도 개혁이 정치 변화의 시작

그래서 선거제도를 바꿔야 한다. 지역구에서 1등 하면 당선되는 승자독식의 선거제도를 비례대표제로 바꿔야 한다. 비례대표제는 정당이 받은 득표율에 따라 의석을 배분하는 것이다. 30%의 정당지지를 받으면 30%의 국회의석을 배분하고, 5%의 정당지지를 받으면 5%의 국회의석을 배분하는 것이다.

비례대표제도 구체적으로 들어가면 다양한 방식이 있다. 지금 대한민국에서 논의되는 '연동형 비례대표제'는 지역구 선거를 아예 없애는 것은 아니다. 독일, 뉴질랜드, 스코틀랜드 등이 택하고 있는 '연동형 비례대표제' 방식은 지역구 선거를 하되, 전체 의석은 정당득표율대로 나눠지도록 하는 것이다.

독일의 예를 들면, 전체 598석을 지역구 299석, 비례대표 299석으로 나눈다. 그렇게 한 다음, 유권자들은 지역구 후보자에게 1표, 정당에게 1표를 투표한다. 지금 대한민국에서 국회의원 선거를 할 때의 투표 방식과 똑같다. 달라지는 것은 계산 방법이다. 독일의 경우, 이렇게 투표를 하고 의석을 배분할 때 1차적인 기준이 정당득표율이다. 598석 전체를 각 정당이 받은 득표율에 따라 배분을 하는 것이다. 주의할 점은 비례대표 299석만이 아니라 전체 598석을 정당득표율에 따라 배분한다는 것이다.

가령 A당이 정당득표율에 따라 598석 중 200석을 배분받았다면, 그 다음에 그 당의 지역구 당선자가 몇 명인지를 세어본다. 만약 A당이 지역구에서 100명이 당선됐다면, 배분받은 200석에서 100명을 빼고 남은 100명을 A당의 비례대표 후보자로 채운다. 만약 A당이 지역구에서 150명이 당선됐다면, 200석에서 150명을 뺀 50석을 비례대표 후보자로 채운다.

독일과 같은 방식에서는 어느 당이 국회의석을 몇 석 차지하는지는 정당득표율에 따라 결정된다. 지역구 당선자는 그 지역의 국회의원을 정하는 의미밖에 없다.

이렇게 되면 정당이 중요해진다. 선거에서 이기려고 해도 정당지지율을 올려야 한다. 그런데 유권자들이 정당을 보고 투표할 때에는 그 정당의 정책을 볼 수밖에 없다. 정당의 정책이 내 삶에 어떤 도움이 되는지, 어떤 영향을 미치는지를 살펴볼 수밖에 없는 것이다. 이것이 바로 독일정치의 비결이다.

독일은 인구가 8천만 명이 넘는 산업국가임에도 불구하고 에너지전환을 빠르게 진행하고 있고, 비교적 시민들의 삶의 질이 높다. 분단과 통일이라는 큰 격변을 겪으면서도 안정적으로 국가가 운영되고 있는 나라이기도 하다. 이런 독일의 비결은 바로 정치에 있고, 그 정치를 만든 선거제도에 있다.

여성, 청년의 참여를 보장하는 비례대표제

비례대표제 선거제도는 여러 가지 장점이 있다.

첫째, 유권자들의 의사가 공정하게 반영된다. 정당이 얻은 득표율만큼 국회의석이 배분되기 때문이다. 승자독식의 선거제도에서는 1등을 한 후보자가 40%만 받아도 당선되는 경우가 많은데, 그렇게 되면 나머지 60%의 의사가 무시된다. 그러나 비례대표제에서는 정당이 받은 득표율대로 의석이 배분되니, 표심이 공정하게 반영되는 것이다.

둘째, 비례대표제를 하게 되면 정책 경쟁이 가능해져서 국민들의 삶의 문제가 정치에서 제대로 논의될 수 있다. 국민들이 미세먼지가 중요하다고 느끼면 정당들은 미세먼지 정책으로 경쟁할 것이고, 유권자들은 각 정당의 정책을 비교해보고 투표할 수 있다. 지금은 지역구 선거가 중심이기 때문에 실제 선거에서는 정책이 중요하지 않다. 어느 지역구 국회의원을 뽑는데, 유권자들이 전국적인 미세먼지 정책을 기준으로 투표하지 않기 때문이다.

셋째, 비례대표제는 다양성을 보장한다. 비례대표제가 도입되면 지금보다 다양한 정당이 국회에 들어갈 수 있다. 새로운 정책을 내세우는 정당이 정책으로써 정당투표에서 표를 받을 수 있기 때문이다. 경험적으로 보면, 승자독식의 선거제도는 양당제를 낳고, 비례대표제는 다당제를 낳을 가능성이 높다.

또한 정당만 다양해지는 것이 아니라 국회의 얼굴이 다양해진다. 비례대표제 국가는 청년 국회의원과 여성 국회의원 비율이 높다. 20대, 30대 나이의 국회의원 비율이 40%가 넘는 덴마크는 대표적인 비례대표제 국가이다. 대한민국은 2016년 총선에서 국회에 들어간 20~30대 나이의 국회의원이 모두 세 명(전체 국회의원의 1%)이다. 여성 국회의원 비율이 30%를 넘어선 국가들도 대체로 비례대표제 국가들이다.

유능한 정치, 정당다운 정당을 위해

넷째, 비례대표제가 되면 정책의 연속성을 보장할 수 있다. 정당이 중심이 되는 선거제도이기 때문에, 개별 국회의원들이 각자 의정활동을 하는 것이 아니라 정당이라는 팀이 움직이게 된다. 설사 국회의원이 바뀌어도 정당은 남기 때문에 정책의 연속성이 보장될 수 있다.

앞에서 설명한 '3기 7탈'의 과제만 하더라도 장기적으로 연속성을 갖고 정책이 추진되어야 한다. 그런데 정권이 바뀔 때마다 정책이 정반대로 바뀌거나 하면 아무것도 할 수가 없다. 정책의 연속성을 보장하려면 비례대표제 선거제도가 필수이다. 비례대표제 선거제도에서는 특정 정당이 단독으로 과반수를 차지하기 어려워서 연립정부를 구성하게 되는 경우가 많다. 그래서 정권이 바뀌어도 연립정부에 참여했던 정당 중 한 개 정당 정도는 남을 수 있다. 그러면 정책의 연속성이 보장될 수 있다.

독일의 경우, 통일 전에 사민당–자유민주당, 기민당–자유민주당 연립정권이 번갈아 들어선 적이 있었다. 1당은 바뀌었지만 단독으로는 과반수가 안 되었기 때문에 소수정당인 자유민주당이 계속 연립정부에 참여하면서 외무부 장관을 맡았다. 그래서 정책의 연속성이 보장되었고, 평화체제를 정착시켜 통일까지 할 수 있었다.

다섯째, 비례대표제를 도입하면서 정당개혁을 하면 유능한 정당을 만들 수 있다. 지금 대한민국의 정당들은 무능하고 무책임하다. 선거 때만 되면 이합집산을 거듭한다. 지역구에서 1등 해야 당선되는 선거제도에서는 서로 정체성이 다르더라도 거대정당을 만들어야 유리하기 때문이다. 이런 정당은 무능할 수밖에 없다.

비례대표제가 되면, 선거 때에 급조해서 이합집산하는 방식으로는 정당 지지를 받기가 어렵다. 그래서 정당들이 이합집산보다는 '정당다운 정당'을 만들어서 지지율을 올리는 길을 선택할 수 밖에 없다. 그러기 위해서는 정치인을 체계적으로 길러내야 하고, 공천은 민주적으로 해야 하며, 정당의 정책 기능을 강화할 수밖에 없다. 그래서 유럽의 비례대표제 국가들에 있는 정당들은 청년조직을 통해 새로운 정치인들을 계속 양성한다. 그리고 당원들의 투표로 후보자를 공천하는 당원민주주의를 실천한다. 정당은 정책을 연구하고 개발하는 데 많은 돈과 에너지를 쓴다.

대한민국에 산적한 문제를 해결하려면 이런 정당이 필요하다. 이렇게 정당이 유능해져야 관료집단을 통제할 수도 있다. 지금의 정당과 국회로는 관료집단을 통제할 방법이 없다.

여섯째, 비례대표제가 되면 대통령에게 집중된 권력을 분산시키는 것도 가능해진다. 지금처럼 정당과 국회가 무능하고 국민들의 불신을 받는 상황에서는 "그나마 대통령 1인이 권력을 가지는 게 낫다"는 생각이 힘을 얻을 수밖에 없다. 그러나 1987년 민주화 이후의 과정을 보면, 대통령제는 그다지 성공적이지 않았다. 더구나 5년마다 교체되는 대통령으로는 장기적으로 풀어나가야 하는 과제를 풀기가 어렵다. 5년마다 국가의 정책이 180도로 바뀌어서는 혼란과 갈등만 초래될 뿐이다. 따라서 5년 단임 대통령제를 바꾸기는 해야 하는데, 그러기 위해서는 선거 제도를 개혁해서 국회 구성부터 바꿔야 한다. 그래야 여러 선택 지를 놓고 논의할 수 있다. 그 선택지에 대해서는 뒤에서 설명 하기로 한다.

❷
대한민국이라는 집을 다시 짓자
헌법개정

선거제도 개혁에 관한 논의는 자연스럽게 헌법개정에 관한 논의와 연결된다. 헌법은 크게 두 부분으로 구성되는데, 한 부분은 국민의 기본권에 관한 부분이고, 다른 부분은 민주주의 시스템에 관한 부분이다. 여기에서는 민주주의 시스템에 관한 부분을 중심으로 설명하고자 한다.

민주주의라는 집의 기초와 기둥

지금 논의되는 선거제도 개혁은 헌법개정까지 필요한 것은 아니고 공직선거법을 개정해서 할 수 있지만, 선거제도는 헌법이 정한 민주주의 시스템과 자연스럽게 연결될 수밖에 없다. 그래서 선거제도 개혁 얘기를 하다 보면, 헌법개정에 관한 이야기들도 자연스럽게 나온다. 이 모든 것은 결국 "'주권재민'이라는 정신을 어떻게 제도로 풀어갈 것인가?"의 문제라고 할 수 있다.

비유를 한다면, 헌법을 통해 민주주의 제도를 만드는 것은 집을 건축하는 것이라 할 수 있다. 잘못 지어진 집에서 살면 불편하기 짝이 없듯이 잘못 설계된 민주주의 제도 안에서는 국민들이 편안하게 살기가 힘들다.

지금 대한민국이 딱 이 모양이다. 대한민국이라는 집에서 사는 다수의 국민들은 팍팍하고 불안하게 살고 있다. 우리보다 나은 집에서 살고 있는 사람들을 부러워하고, 상당수의 사람들이 '헬조선'을 탈출하기를 꿈꾼다.

문제는 집을 잘못 설계했다는 데 있다. 대한민국이라는 집을 다시 설계해야 할 때이다. 국가라는 집이 살기 좋은 집이 되려면, 기본적으로 필요한 핵심적인 민주주의 제도들이 있다. 다음 그림에서 보는 것처럼, 집의 기초에 해당하는 것은 '선거제도'이다. 그리고 집의 기둥에 해당하는 것이 '직접민주제'와 '지방분권'이다.

직접민주제는 국민들이 직접 정치적 의사결정에 참여할 수 있도록 하는 것이다. 국회의원을 임기 중에 해임시킬 수 있게 하는 국민소환제도는 이미 국민들 사이에서 공감대가 높다. 헌법개정안이나 법률안을 국민들이 직접 서명해서 제안할 수 있

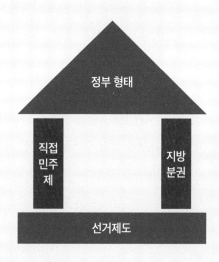

그림 4 | '민주주의'라는 집

는 국민발안제도도 반드시 필요하다. 이 제도가 도입되면, 국회의원들을 통하지 않고도 주권자들이 직접 입법에 참여할 수 있게 된다. 중요한 정책결정사항들에 대해서는 국민들의 직접투표로 결정하는 국민투표제도도 제대로 만들어야 한다.

지방분권도 필요하다. 물론 지방분권이 되려면 그 전제로 지역의 민주화가 필요하다. 지방선거제도도 정당의 득표율대로 의석을 배분하는 비례대표제로 바꿔야 하고, 주민소환, 주민발의, 주민투표 같은 제도도 실효성을 강화해야 한다. 이런 것을 전제로 지방분권을 하면, 과도한 중앙집권국가에서 벗어날 수 있고 각 지역의 자율성을 살릴 수 있다. 주민들 입장에서도 가까이 있는 권력이 통제하기도 쉽다.

정치권에서 가장 논란이 되는 '정부형태'는 집의 지붕에 해당한다. 사실 어떤 정부형태가 바람직하냐는 정답이 없다. 흔히 대통령제, 의원내각제가 있고, 중간 형태로 이원정부제라고 불리는 형태가 있다고 한다. 그러나 구체적으로 들어가면 정말 국가마다 다르다.

어떤 정부형태를 택하더라도 문제가 있을 수 있기 때문에, 정부형태는 부분적으로 손봐야 하는 경우들이 생긴다. 그래서 정부형태가 집의 지붕에 해당한다는 것이다.

지붕에 비가 새면 손보는 것은 그래도 비교적 쉽다. 그러나 집의 기초가 부실하면, 집 자체를 허물고 새로 지어야 한다. 기둥이 부실해도 대대적인 공사를 해야 한다. 그래서 집의 기초에 해당하는 선거제도를 비례대표제로 바꾸는 것이 가장 중요하다. 그리고 기둥에 해당하는 직접민주제와 지방분권을 제대로 세워야 한다.

대통령제, 수정이 필요하다

'정부형태'는 정답이 있는 문제가 아니다. 다만 현재 하고 있는 대통령제의 문제점은 살펴볼 필요가 있다. 1987년 이후에 대통령들이 좋은 평가를 받으면서 임기를 마친 적이 없다는 것은, 뭔가 제도적 결함이 있기 때문이다. 그렇다면 현행 제도에 대해 검토해볼 필요가 있다.

우선 대한민국의 대통령은 인사권이 너무 많다. 인사와 관련해서는, 대통령제의 원조라고 할 수 있는 미국의 대통령보다도 권한이 강하다. 대한민국 대통령이 되면 임명권을 행사할 수 있는 자리가 3만 명이라는 얘기가 있을 정도이다. 그래서 정권이 교체되면, 기존에 있는 사람들을 밀어내고 자기 사람을 앉히기 위해서 온갖 방법을 다 사용한다. 인사청문회 제도가 있기는 하지만, 대한민국의 경우에 청문회를 거치는 것은 국무총리와 장관급 공직자 정도이다. 그리고 청문회를 거친 다음에 국회의 동의까지 받아야 임명할 수 있는 자리는 국무총리와 감사원장, 대법원장과 대법관, 헌법재판소장 정도에 불과하다. 장관의 경우에는 인사청문회에서 나온 의견에 관계없이 대통령이 임명을 강행할 수 있다.

미국의 경우에는 대통령이 고위공직자를 임명하려고 할 때에 상원의 동의(인준)를 받아야 하는 자리가 크게 잡으면 2년간 69,000명에 달할 정도로 인사권에 대한 제어장치가 있다.

예산과 관련해서도 대한민국은 대통령의 권한이 강하다. 예산을 편성해서 국회에 제출하는 권한은 대통령에게 있다. 예산과 관련된 주도권을 대통령이 갖고 있는 것이다. 국회는 대통령이 제출한 예산안을 심의하는 것이기 때문에 수동적 입장에 서게 된다. 그리고 국회가 예산을 증액시키려면 행정부의 동의를 얻어야 한다. 독자적으로는 삭감할 권한만 있는 것이다.

그러나 미국의 경우는 그렇지 않다. 의회가 예산을 편성하기도 하고 심의도 한다. 대통령도 예산안을 내지만, 그것은 참고사항에 불과하다. 예산에 관한 주도권을 의회가 갖는 것이다. 이처럼, 미국도 승자독식의 속성이 강한 대통령제 국가이지만 입법부가 최소한의 견제는 할 수 있는 제도들을 갖고 있다.

그리고 평화적인 정권교체가 정착된 것은 큰 성과이지만,

5년마다 대통령이 바뀌다 보니 정책의 연속성이 떨어진다. 특히 지금의 시대가 요구하는 과제들은 장기간 일관성 있게 추진해야 하는 것들이 많은데, 누가 대통령이 되느냐에 따라 정책의 방향이 왔다 갔다 하면 시대적 과제를 풀기가 어렵다.

대통령제가 익숙하고 국회에 대한 불신이 워낙 강하기 때문에 국민들도 대통령제를 선호하는 편이다. 그러나 세상에는 다양한 정부형태가 존재한다. 강력한 권한을 가진 대통령 같은 존재 없이도 정치가 안정된 나라들도 많다. 오히려 어느 한쪽이 강력한 권력을 가질수록 정치는 불안정해진다. 그 권력을 장악하기 위해 무한투쟁이 벌어지기 때문이다.

김대중 전 대통령의 고민

고 김대중 전 대통령도 정부형태에 대해 많은 고민을 했다. 김대중 전 대통령의 자서전 끝부분에 이런 대목이 나온다. 자신은 오랫동안 대통령중심제를 지지해왔다는 것을 밝히면서도, 이제는 이원집정부제나 내각책임제를 검토할 필요가 있다는 것이다. 그 대목을 다음에 인용한다.

한편으로는 생각이 많이 달라졌다. 대통령제하에서

열 명의 대통령이 있었다. 이승만, 박정희, 전두환
같은 독재자들이 비극적 종말을 맞았지만 그 후로도
독재자나 그 아류들이 출현했다. 이를 막기 위해 이제는
대통령중심제를 바꾸는 것도 고려해봄직하다. 5년
단임제는 책임을 물을 방법이 없다. 이원집정부제나
내각책임제를 도입하는 것도 나쁘지 않다고 본다. 10년
동안의 민주정부가 많은 것을 변화시켰고, 특히 우리
국민의 민주주의에 대한 의식이 매우 성숙했다고 보기
때문이다.

미국도 마찬가지다. 한때는 성공한 대통령중심제 나라의
표본이었지만, 부시 대통령의 8년 실정은 참담하다.
지구촌과 그 속의 인류에게 끼친 해악이 크다. 그러면서도
어떤 제어도 하지 못하고 꼼짝없이 그 속에서 살아야 했다.
그토록 우리가 문명과 이성을 발달시켰어도 지도자의
잘못 하나 바로잡을 수 없음이 속상하다. 그것이 변함없는
권력의 속성이라면 제도를 통해 예방책을 모색해야 할
것이다.

김대중 전 대통령이 고려해볼 수 있다고 한 이원집정부제에
대해 국내에서는 이해가 깊지 않다. 이원집정부제는 대통령을

직접 뽑지만, 대통령과 총리가 역할 분담을 하는 형태이다. 준대통령제, 분권형 대통령제라고 불린다. 대통령이 의회해산권, 총리임명권 등 최종적인 권한을 갖지만, 총리 중심의 내각이 국정운영을 담당하는 모델이다. 유럽의 핀란드, 오스트리아가 그렇다. 이원집정부제에서는 대통령을 직선으로 뽑는다. 대통령이 국가 운영의 최종책임자이기 때문이다. 따라서 대통령직선제라는 민주화운동의 성과물과도 조화될 수 있는 형태이다.

의원내각제의 경우에도 대통령이 있다. 4·19 이후에 의원내각제를 채택했던 2공화국 시기에도 대통령이 있었다(윤보선 전 대통령). 다만 의원내각제에서의 대통령은 권한이 약하고, 국민들이 직접 선출하지도 않는다. 국회나 선거인단에서 간접선거로 뽑는다.

이처럼 여러 정부형태에 대해 진지하게 논의해보는 것이 필요하다. 김대중 전 대통령의 말처럼, 대통령제가 가진 단점을 무시할 수 없기 때문이다.

또한 대통령이라는 존재를 선출할 때에 '결선투표'를 하지 않는 것도 심각한 문제이다. 대통령이라는 자리는 투표한 유권자의 과반수 지지는 얻어야 당선될 수 있도록 하는 것이 옳다. 지금은 득표율에 관계없이 1등만 하면 대통령에 당선될 수 있다. 극단적인 경우에는 20~30%대의 지지로도 대통령에 당선되는 일이 발생할 수 있다. 그렇게 당선된 대통령이 민주적 정당성을 인정받기는 쉽지 않을 것이다. 따라서 대통령을 뽑을 때에도 결선투표제가 필요하다. 대통령을 직선으로 뽑는 핀란드, 프랑스, 오스트리아, 포르투갈 같은 나라들은 대통령 결선투표제를 채택하고 있다.

'5년 단임제'라는 방식에 대해서도 재검토가 필요하다. 정치학자인 강원택 교수의 표현에 따르면, "5년 임기라고는 하지만 임기 마지막 해는 사실상 레임덕으로 보낼 수밖에 없는 운명이다. 임기 후반으로 갈수록 대통령의 국정운영 동력은 떨어지기 마련이며, 임기 3년차가 넘으면 사실상 새로운 국정 어젠다를 설정하는 게 불가능하다".

국무총리 선출 방식을 바꾸자

그렇다고 해서 당장 획기적으로 바꾸는 것은 쉽지 않다. 그래서 현실적인 방안으로 나온 것이 국무총리 선출 방식이라도 바꾸자는 것이다. 지금은 대통령이 지명한 국무총리 후보자에 대해 인사청문회를 해서 국회의 동의를 받는 방식이다. 국회에서 과반수의 동의를 얻지 못하면 국무총리 임명을 하지 못하게 함으로써 대통령의 인사권을 견제한다. 그러나 이런 네거티브

방식으로 국회가 인사권에 관여하는 것은 대통령과 야당 사이에 갈등을 격화시킨다. 야당은 대통령이 지명한 국무총리 후보자에게 흠집을 내고 낙마를 시킴으로써 정치적 이익을 얻으려할 것이기 때문이다. 그래서 국무총리 임명에 대한 국회의 관여 방식을 포지티브한 방식으로 바꾸는 것이 하나의 방안일 수있다. 국회가 국무총리를 선출하거나 추천(단수추천 또는 복수추천)하고, 대통령이 그 사람을 임명하게 하자는 것이다. 만약 국회가 선출하거나 추천한 사람을 도저히 받아들일 수 없을 때에는 대통령이 국회에 대해 재선출(재추천)을 요구할 수 있도록 해도된다.

이렇게 하자는 제안에 대해 "의원내각제를 하자는 것이냐"고 얘기하는 사람이 있는데, 그건 잘못된 이야기이다. 앞에서도 언급한 것처럼, 의원내각제에서는 국민들이 직선으로 뽑는 대통령이 없다. 지금 제안하는 국무총리 선출(추천)제는 대통령제를 유지하되 보완을 하자는 것이다.

그리고 이것은 비례대표제 선거제도와도 잘 맞을 수 있다. 비례대표제로 선거제도를 개혁하면 다양한 정당들이 국회에 진출할 가능성이 많은데, 그 정당들 간의 협상과 토론에 의해 국무총리 후보자를 선출(추천)하고, 그 사람이 국무총리가 된다면 대통령과 국회 사이에 가교 역할을 할 수 있기 때문이다.

이렇게 하는 과정에서 대통령이 안정적으로 국회에서 과반수의 지지를 확보하고 싶다면, 야당들도 끌어들인 연립정권을 구성하면 된다. 대통령 측이 정치력을 발휘해서 국회에서 과반수의 지지를 확보하여 국무총리를 선출(추천)하게 하고, 국무총리가 장관을 제청할 때에 연립정부에 참여하기로 한 야당 쪽 사람도 장관으로 추천하는 것이다. 이렇게 연립정권을 구성해서 운영하면, 국무총리는 국회 내의 다수파와 대통령 사이를 연결하는 가교 역할도 하게 된다.

이것은 지금 파행적으로 운영되고 있는 국무총리제를 헌법에 맞게 정상화하는 효과도 가져올 것이다. 국회에서 과반수의 지지로 선출(추천)된 국무총리는 대통령의 최종 승인(임명)을 받는다 하더라도, 헌법상 부여된 장관제청권 등을 실제로 행사할 수 있을 것이기 때문이다.

이승만 전 대통령의 몽니가 낳은 대통령제

역사적으로 보더라도, 대통령제는 대한민국 국민들이 선택했다고 보기 어렵다. 1948년 헌법제정 당시에 헌법을 기초했던 국회 헌법기초위원들은 의원내각제를 생각했다.

그런데 당시에 가장 영향력 있는 정치인이었던 이승만 전 대통령이 대통령제를 고집했다. 이승만 전 대통령은 내통령제가 채택되지 않으면 정부에 참여하지 않겠다고 선언하며 국회를 압박했다. 당시에 미군정도 대통령제를 원했다고 한다. 그래서 1948년 6월 21일 밤 제헌국회의원이던 김성수의 집에 30여 명이 모여서, 의원내각제로 작성했던 헌법안을 대통령제 헌법안으로 수정하게 된다. 이런 식으로 국가의 권력구조가 정해졌다는 것이 이상한 일이지만, 이것이 제헌헌법에서 대통령제가 채택된 실제 배경이다.

이렇듯 최초 안이 의원내각제로 되어 있었기 때문에, 대한민국 헌법에는 미국 같은 대통령제 국가에는 없는 '국무총리'라는 자리가 존재하게 되었다. 그리고 대통령제로 변경하는 과정에서 국회 내에서 치열한 토론이 벌어졌고, 그 결과 대통령이 국무총리를 임명하려면 국회의 동의를 받아야 한다는 조항이 들어가게 되었던 것이다. 또한 제헌헌법에서는 국무총리 외에 국무위원들이 참여하는 국무원이라는 회의구조를 두고, 대통령 권한에 속하는 사항도 국무원(지금의 국무회의)의 의결을 거치도록 했다.

사실 이승만 대통령의 몽니는 1948년이 처음이 아니었다. 1919년 대한민국 임시정부가 구성되었을 때에도 이승만 대통령은 임시정부의 정부형태는 대통령제가 되어야 한다고 주장해서 그 뜻을 관철시켰다. 그러나 이승만 대통령은 1925년에 임시정부 의정원에 의해 탄핵을 당한다. 대통령으로서의 역할을 제대로 수행하지 못한다는 이유 때문이었다. 그 이후 대한민국 임시정부는 다시 의원내각제에 가까운 형태로 복귀한다.

이처럼 대한민국의 대통령제는 민주적 토론을 통해 채택된 것이 아니다. 이승만 전 대통령의 권력욕 때문에 채택된 것이었고, 그 권력욕은 결국 '독재화'로 귀결되었다.

1960년 4·19 혁명에 의해 이승만 전 대통령이 물러나고 나서 1960년 6월 15일 3차 개헌에서 의원내각제가 채택된 것은 자연스러운 일이었다. 상해임시정부 시절부터 제헌헌법 초안작성 때까지 의원내각제가 대체적인 합의 사항이었기 때문이다.

그런데 1961년 5월 16일 군사쿠데타에 의해 박정희 정권이 들어서면서 대통령제로 다시 돌아가게 된다. 독재를 하기에는 1인에게 권력이 집중되는 대통령제가 편하기 때문이었다. 그러면서 군사쿠데타를 합리화하기 위해, 2공화국 시절(4·19 혁명 이후 5·16 군사쿠데타 이전까지를 의미한다)에 채택된 의원내각제가 국가를 혼란에 빠뜨린 것처럼 몰고 간다. 그러나 어느 국가든 간에 새로운 시스템이 채택되면 적응기간이 필요하기 마련이다. 당시에 장면 총리와 윤보선 전 대통령 간에 갈등이 있었던 것은 사실이지만, 그 정도 갈등은 민주주의 국가라면 겪을 수 있는 일이다.

구분	의원내각제	대통령제	이원집정부제 (집단지도체제 포함)	총계
국가명	벨기에, 캐나다, 체코, 덴마크, 에스토니아, 독일, 그리스, 헝가리, 아이슬란드, 아일랜드, 이스라엘, 이탈리아, 일본, 라트비아, 룩셈부르크, 네덜란드, 뉴질랜드, 노르웨이, 포르투갈, 슬로바키아, 스페인, 스웨덴, 호주, 터키, 영국	미국, 대한민국, 멕시코, 칠레, 콜롬비아	오스트리아, 핀란드, 프랑스, 리투아니아, 폴란드, 슬로베니아, 스위스,	
계	25개국	5개국	7개국	37개국

그러니 정확하게 할 필요가 있다. 국민들이 박정희, 전두환 정권을 거쳐 1987년 6월에 쟁취한 것은 대통령제가 아니라 대통령직선제다. 대통령제를 택하고 있다면, 대통령은 국민들이 직선으로 뽑아야 한다는 것이 민주화의 요구였던 것이다.

오히려 대통령제라는 정부형태 자체는 이승만, 박정희, 전두환 등 독재자들이 선호했던 권력구조였다. 국민들에게 가장 익숙하지만, 그 익숙함은 오랫동안 그 시스템 속에서 살아왔기에 느끼는 익숙함일 뿐이다.

OECD 37개 국가들 중에서 대통령제를 택하고 있는 나라는 미국, 대한민국, 멕시코, 칠레, 콜롬비아의 5개 국가뿐이다. 나머지는 의원내각제가 많고(25개국), 일부 이원집정부제로 분류되는 국가들이 있다.

주권자인 시민들이 헌법개정에 참여해야

어쨌든 정부형태는 정답이 있는 것이 아니기 때문에 토론을 하고 사회적 합의를 만들어가는 것이 중요하다.

문제는 정부형태를 포함한 헌법개정의 쟁점에 대해 정치권에서 합리적 토론이 이뤄지지 않는다는 데 있다. 그리고 차기 대통령을 꿈꾸는 사람들은 여당이든 야당이든 개헌에 소극적이다. 그러니 권력구조에 대해 정치권에서 합의가 이뤄지기를 기대하기 어렵다.

대통령이 누리는 권력도 결국 주권자인 국민으로부터 나온다는 것을 생각하면, 주권자인 국민들이 토론에 참여해서 정부형태를 결정하는 것이 가장 바람직하다. 그래서 추첨으로 뽑힌 시민들이 정부형태에 대해 토론해서 합의점을 찾아나가는 '숙의민주주의' 방식을 도입해야 한다.

정부형태뿐만 아니라, 토지공개념 강화, 기본권과 관련된 쟁점들, 지방분권, 국민소환세, 국민발안세 도입 등에 대해서도 숙의민주주의 방식을 통한 토론이 가능하다. 구체적으로는, 개헌절차법을 만들고 그 속에 추첨제로 뽑힌 시민들이 개헌쟁점에 대해 토론하는 '시민의회' 방식을 담자는 제안이 있어 왔다. 아이슬란드나 아일랜드에서 이런 식으로 시민의회를 구성했던 사례가 있다. 아일랜드의 경우에는 낙태죄 폐지, 동성결혼 법제화 등의 민감한 사안을 시민의회를 통해 다루고, 최종적으로 헌법개정 국민투표에 붙이기도 했다. 이런 방식을 우리도 도입하자는 것이다.

2018년 3월에 문재인 대통령이 발의했던 개헌안을 준비하는 과정에서 짧은 기간 동안이지만 이런 방식을 시도한 적이 있다. 당시에 나는 대통령에게 제출한 개헌자문안을 작성하는 '국민헌법자문특별위원회'에 부위원장으로 참여했는데, 그 과정에서 무작위로 추출된 시민들이 참여하는 '숙의형 시민토론회'를 준비했었다. 당시에 진행된 '숙의형 시민토론회'는 아주 성공적이었다. 참석자들 중 토론에 만족한다는 비율이 97%가 넘었다. 총 950명에 달하는 시민들이 참여해서 다섯 차례에 걸쳐 진행된 토론회에서는 국회보다도 더 진지한 논의가 이뤄졌다. 아쉬운 것은, 이런 시도가 이어지지 못하고 개헌 자체가 좌초되었다는 것이다.

돌이켜보면, 1948년 제헌헌법 이후 아홉 차례에 걸친 개헌 과정에서 단 한 번도 주권자인 시민들이 참여할 수 있는 기회는 없었다. 1987년 헌법개정 때에도 여당 4명, 야당 4명이 모여서 밀실에서 개헌안을 논의하고 합의했다. 그러나 더 이상 이런 식으로 헌법개정을 해서는 안 된다. 주권자인 시민들에게 정보와 토론 기회만 제공된다면 얼마든지 숙의가 가능하다.

이렇게 시민들이 참여하는 숙의 절차를 거쳐서 마련한 개헌안을 국회에서 다듬어서 국민투표에 붙인다면 개헌이 성사될 가능성이 있다. 그렇지 않으면 ① 국회의원 재적 3분의 2의 찬성이 있어야 하고 ② 국민투표에서 투표자 과반수의 찬성을 얻어야 하기 때문에 '헌법개정'은 앞으로도 매우 어려울 것이다.

❸
평화공존이 우선

대한민국의 특성은, 분단국가이기 때문에 남북관계가 안정되지 않으면 대한민국 내부의 개혁작업에도 어려움이 있다는 것이다. 수많은 문제들에 대해 정책적인 대안을 제시하지도 않으면서 선거 때마다 '색깔론'이라는 구태의연한 방법으로 표를 얻으려는 세력이 살아남을 수 있는 이유도 분단 때문이다.

평화는 강력하게, 통일은 신중하게

그러나 당장에 통일을 얘기하는 것은 매우 섣부른 일이다. 통일의 방식에 대해서는 다양한 의견이 존재할 수 있다. 또한 한반도를 둘러싼 강대국들의 생각도 복잡하게 얽혀 있다. 이것은 현실이기 때문에, 부정한다고 해서 사라지는 것이 아니다.

따라서 섣부른 통일 논의보다 중요한 것은 평화공존체제를 만드는 것이다. 분단국가였다가 평화적인 방법으로 통일을 한 독일의 사례를 보더라도, '통일 이전에 평화체제를 정착'시키는 것이 1차적인 과제이다. 섣부른 통일을 했다가 내전 상태에 빠진 예멘의 사례는 반면교사로 삼아야 한다.

한 가지 짚을 점은 독일은 이 책에서 주장하는 비례대표제 국가였고 지방분권이 우리보다는 훨씬 잘 되어 있는 연방제 국가였다는 점이다. 정부형태도 의원내각제였다. 이런 체제를 권력공유민주주의라고 부를 수 있다. 권력이 특정한 사람이나 특정한 정치세력에게 독점되지 않는 구조였던 것이다. 반면에 예멘은 대통령제 국가였다. 선거제도도 비례대표제가 아니었다. 한쪽으로 쏠린 권력을 장악하기 위한 과정에서 내전이 발생했고 아비규환과 같은 상황이 만들어진 것이다.

사실 독일에서 배울 것도 1차적으로는 통일 과정이 아니라 평화정착 과정이다. 독일의 경우, 평화를 정착시키는 20년 가까운 시간이 있었고, 그 후에 냉전체제가 무너지면서 통일까지 가게 되었다. 20년에 가까운 평화정착 노력을 빼고 통일만을 얘기하는 것이야말로 독일의 사례에서 교훈을 얻지 못하는 것이다.

독일, 통일 이전에 평화가 있었다

1969년 독일에서는 총선을 통해 사회민주당이 집권을 하게 된다. 2차세계대전 이후에 기독교민주연합−기독교사회당 연합이 집권을 해오다가, 제대로 된 정권교체가 이뤄진 것이다. 물론 사민당의 단독집권은 아니었다. 독일의 소수 정당인 자유민주당과 연립정부를 구성한 것이다.

그리고 빌리 브란트가 독일 총리로 취임한다. 빌리 브란트는 소위 '동방정책'을 추진하기 시작한다. 그동안 서독은 '할슈타인 원칙'Hallstein Doctrine이라는 외교원칙을 고집해 왔다. 이 것은 "서독만이 유일한 합법적 정부이며 동독을 인정하는 국가와는 외교관계를 맺지 않겠다"는 원칙이었다. 빌리 브란트는 이 원칙을 포기하고 동독과 평화적인 관계를 맺기 위해 적극적으로 나선다.

그 결과 서독과 동독 간에 정상회담이 열리게 된다. 1970년 3월 19일 동독의 에어푸르트에서 빌리 브란트와 동독의 총리 빌리 슈토프 간의 제1차 동·서독 정상회담이 열렸다. 5월 21일에는 서독의 카셀에서 2차 정상회담이 열렸다.

이 정상회담을 거치면서 동·서 베를린 간에 끊어졌던 전화선을 잇고 통행·무역·교통조약을 맺었다. 1972년 12월 21일에는 「동·서독기본조약」이 체결된다. 이 기본조약의 주요 내용을 보면, 상호 간에 무력사용을 금지하고 포괄적인 교류를 하며 상호대표부를 설치한다는 내용들이 포함되어 있다. 그리고 실제로 이 조약에 따라 동·서독 간에 상호대표부가 설치된다. 우리로 치면 평양에 남한대표부가 상주하고, 서울에 북한대표부가 상주하는 것이 현실이 된 것이다.

통일이 될 때까지는 수많은 교류가 이뤄진다. 교류는 점점 활발해져서 1987년 한 해에만 5백 5십여만 명의 서독인이 동독과 동베를린을 방문했고, 5백만여 명의 동독인이 서독을 방문했을 정도였다. 1988년 한 해에는 약 8천만 통의 편지와 2천 4백만 개의 소포가 서독에서 동독으로 보내졌고, 9천 5백만 통의 편지와 9백만 개의 소포가 동독에서 서독으로 보내졌다.

한꺼번에 이렇게 변할 수는 없지만, 기회가 왔을 때 이런 방향으로 나아갈 수 있어야 한다. 서로를 적대하는 관계에서 평화공존체제로 전환하는 것이 필요하다.

용두사미에 그친 「남북기본합의서」

대한민국에서도 이런 노력이 없었던 것은 아니다. 1991년에는 노태우 정권 시절이었지만, 「남북기본합의서」가 채택된다. 남북의 총리급이 대표가 된 남북고위급회담을 다섯 차례나

열어서 합의한 문서였다. 이때에는 냉전체제가 해체되던 시기였고, 노태우 정권이 '북방외교'를 추진하면서 1991년 9월엔 남북이 유엔에 동시가입을 했다.

1991년 12월 13일 남북 간에 채택된 「남북 사이의 화해와 불가침 및 교류·협력에 관한 합의서」(줄여서 「남북기본합의서」)는 「동·서독기본조약」 못지않게 긍정적인 내용들을 담고 있었다. 이 합의서에서는 남북관계를 "나라와 나라 사이의 관계가 아닌 통일을 지향하는 과정에서 잠정적으로 형성되는 특수관계"로 규정하고, 서로 상대방의 체제를 인정하고 존중할 것(제1조), 상대방의 내부문제에 간섭하지 않고 상대방에 대한 비방·중상·파괴·전복을 일체 하지 아니할 것(제2조~제4조) 등의 내용을 담고 있었다. 상대방에 대해 무력을 사용하지 않으며, 의견 대립이나 분쟁은 대화와 협상을 통해 평화적으로 해결하며, 남북군사공동위원회를 구성한다는 내용도 담았다(제9조~제12조). 경제, 과학·기술, 교육, 문화·예술 등 각 분야에서 교류·협력을 실시하고, 남북 간의 자유로운 왕래와 접촉을 실현하며, 철도와 도로를 연결하고, 우편과 전기통신교류도 실시한다는 내용도 있다(제15조~제20조). 또, 이 기본합의서에 따르면 남과 북은 합의서 발표 후 3개월 내에 판문점에 남북연락사무소를 설치·운영하기로 되어 있었다(그러나 실제로는 통신소 정도에 그쳤고, 그마저도 지속적으로 유지되지 못했다).

그러나 동·서독과는 달리 남북 간의 관계는 평화체제를 정착시키는 방향으로 나아가지 못했다. 그 이유는 북측의 원인도 컸고, 미국 등 외부의 개입도 있었다. 그러나 대한민국도 정권이 바뀔 때마다 정치적 이해관계에 따라서 남북관계에 접근했던 것을 부정할 수 없다. 일관성 있게 정책이 추진되지 못한 것이다.

김대중 전 대통령 시절에는 김대중 대통령이 평양을 방문해서 김정일 국방위원장과 만났다. 그리고 2000년 6월 15일에 「6·15남북공동선언」에 서명을 했다. 공동선언은 국무총리급이 서명한 「남북기본합의서」와는 달리, 남북의 최고권력자가 직접 서명한 선언이었다는 점에서 큰 정치적 의미를 가진다. 내용을 보면, 통일문제를 자주적으로 해결해 나가기로 하고, 가족·친척 방문단을 교환하고, 비전향장기수 문제를 해결하며, 경제·사회·문화·체육·보건·환경 등의 분야에서의 교류·협력을 강화한다는 것이었다. 그러나 「6·15남북공동선언」 역시 정치적 의미는 컸으나 '선언'이었을 뿐, 법적 효력을 갖는 조약은 아니었다.

2007년 노무현 전 대통령이 평양을 방문해서 남북정상회담을 가지고, 김정일 국방위원장과 함께 「남북관계 발전과 평화번영을 위한 선언」(『2007남북정상선언」, 또는 「10·4남북정상선언」)에 서명을 했다. 그 내용을 보면 「6·15남북공동선언」을 실현해나가고, 군사적 적대관계를 종식시키고, 긴장완화와 평화보장을 위해 협력하기로 했다. 또한 정전체제를 종식시키고 항구적인 평호체제를 구축해야 한다는 데 인식을 같이하고, 종전선언을 추진해 가기로 했다. 각 분야에서의 교류·협력과 인도주의 협력 사업, 국제무대에서의 협력도 약속했다.

그러나 정권이 바뀌면서 이런 선언은 사실상 없었던 것으로 되었다. 정치적 선언의 생명은 정권의 수명과 함께 끝나버렸다. 더 이상 이런 방식을 반복해서는 안 된다. 평화체제 정착을 위해서는 과거의 경험을 바탕으로 새로운 방식을 찾아야 한다. 그것은 정치적 선언이 아닌, 법적 효력을 갖는 조약을 체결하는 것이 되어야 한다.

한반도 평화체제 정착을 위한 과제

한반도 평화체제 정착은 매우 험난한 과정일 수밖에 없다. 북한이 안고 있는 불안정성이 있고, 미국·일본·중국·러시아 등 한반도를 둘러싸고 있는 국제정세도 불안정성이 크다. 이런 상황에서 안정적이고 지속적으로 평화체제를 구축하려면, 남한

부터 그에 맞는 체제를 갖추고 일관된 방향으로 정책을 추진해야 한다.

그리고 기회가 왔을 때 종전선언을 하고, 정전협정을 평화협정으로 대체하는 것이 필요하다. 뿐만 아니라 「남북기본합의서」가 아닌 남북기본조약을 체결하는 것이 필요하다. 1991년 채택되었던 「남북기본합의서」가 무용지물이 되었던 이유 중의 하나는, 조약이 아니었기 때문이다(조약으로 보는 견해도 있으나, 대한민국 정부와 법원, 헌법재판소는 조약으로 보지 않는다).

동·서독 간에 체결되었던 「동·서독기본조약」은 '조약'이었다. 물론 성격의 특수성이 있다. 서독 연방헌법재판소는 「동·서독기본조약」이 이중적 성격을 가진다고 보았다. 즉 「동·서독기본조약」은 법적 형식으로는 국제법상 조약이지만, 내용으로 보면 전체 독일 국가 내부의 특수한 관계를 규율하는 조약이라고 판단하였다. 그러나 중요한 것은 어쨌든 조약이었다는 것이다.

조약이냐 아니냐의 차이는 국회에서 비준比準동의라는 절차를 거쳐 조약체결권자(대통령)가 최종적으로 확인하는 '비준'을 했느냐에 달려 있다. 「동·서독기본조약」은 서독 국회에서 비준동의를 받아 '조약'으로서의 법적 성격을 얻었다. 그러나 「남북기본합의서」는 대한민국 국회에서 비준동의라는 절차를 거치지 않았고 당연히 비준이 이뤄지지 않았다.

조약이면 법적 효력을 갖지만, 조약이 아니면 일종의 '신사협정'의 성격에서 벗어나지 못한다. 즉 1991년 채택된 「남북기본합의서」는 조약이 아니었기 때문에 법적 효력이 없는 문서에 불과했던 것이다. 안 지켜도 그만이었다.

그러나 이제는 그래서는 안 된다. 남북 간의 관계를 결정적으로 개선할 수 있는 기회가 왔을 때에, 남북 간에 기본조약을 체결해야 한다. 이런 주장은 합리적 보수도 동의할 수 있는 것이다. 홍석현 씨가 이사장으로 있는 재단법인 한반도평화만들기에서 2019년 6월에 나온 정책보고서에서도 같은 주장을 하고 있다. "남한과 북한이 '사실상의 두 개 국가'로서 서로 인정하는 남북기본조약의 체결을 추진"하자는 것이다. 이를 통해 북한정권의 체제 안전에 대한 불안감을 해소하고 남북이 평화공존하는 체제로 나아가자는 것이다. 평화공존을 위해서는 남북의 상호 국가성 인정, 상호 군축의 방향으로 가는 수밖에 없다.

그리고 연락사무소 수준을 넘어서서 동·서독처럼 서울과 평양에 상주대표부를 설치해야 한다. 1972년 「동·서독기본조약」 체결 후에 서독은 동베를린에, 동독은 본에 상주대표부를 설치해서 운영했다. 이것은 조약의 이행을 일상적으로 협의하고 추가적인 실무협상을 진행하며 상시적으로 소통할 수 있는 체계를 갖추는 것을 의미한다.

이렇게 평화를 정착시켜 나가는 것이 한반도에서 살아가는 모든 존재들을 위해 최우선적으로 필요한 일이다.

배를 돌려라 : 대한민국 대전환

공생·공유·공정사회를 위한 밑그림

초판 1쇄 발행 2019년 11월 4일

지은이 하승수   펴낸이 오은지   책임편집 오은지
북디자인 김은영   펴낸곳 도서출판 한티재

등록 2010년 4월 12일 제2010-000010호
주소 42087 대구시 수성구 달구벌대로 492길 15   전화 053-743-8368
팩스 053-743-8367   전자우편 hantibooks@gmail.com
블로그 www.hantibooks.com

ⓒ 하승수 2019
ISBN 979-11-90178-19-8 03300

이 도서의 국립중앙도서관 출판예정도서목록(CIP)은
서지정보유통지원시스템 홈페이지(http://seoji.nl.go.kr)와
국가자료공동목록시스템(http://www.nl.go.kr/kolisnet)에서
이용하실 수 있습니다. (CIP제어번호: CIP2019040380)